Dieter Hoffmann-Axthelm
Lokaldemokratie und Europäisches Haus

X T E X T E

Dieter Hoffmann-Axthelm

Lokaldemokratie und Europäisches Haus

Roadmap für eine geöffnete Republik

[transcript]

Bibliografische Information der Deutschen Nationalbibliothek
Die Deutsche Nationalbibliothek verzeichnet diese Publikation in der Deutschen Nationalbibliografie; detaillierte bibliografische Daten sind im Internet über http://dnb.d-nb.de abrufbar.

Umschlaggestaltung: Kordula Röckenhaus, Bielefeld
Korrektorat: Simon Bussieweke, Gütersloh
Satz: Francisco Bragança, Bielefeld
Printed in Germany
Print-ISBN 978-3-8376-3642-0
PDF-ISBN 978-3-8394-3642-4

Gedruckt auf alterungsbeständigem Papier mit chlorfrei gebleichtem Zellstoff.
Besuchen Sie uns im Internet: *http://www.transcript-verlag.de*
Bitte fordern Sie unser Gesamtverzeichnis und andere Broschüren an unter: *info@transcript-verlag.de*

Inhalt

Vorbemerkung

Demokratie als Zugriffsmöglichkeit aller auf für sie folgenreiche Entscheidungen

So nahe das Thema unversehens gerückt ist, so fern sind überzeugende Lösungen. Es fällt zu leicht, mehr und basisnähere Demokratie zu fordern. Wie ginge das, ohne uns zu überfordern und die demokratischen Sicherheiten zu beschädigen, die wir schon haben? Was trauen wir uns zu – uns, der Menge unter sich weltweit entfernter Einzelner?

Und dann Europa? Was die Europäer derzeit vereint, ist eher Abwehr, nicht zuletzt auch der Vorwurf, gerade die europäische Einigung untergrabe die nationale Demokratie. Auch da fällt es zu leicht, Europa zu sagen und die eigene Regierung zu meinen. Oder auch nur die Unzufriedenheit mit sich selbst, dem eigenen Status, den eigenen Chancen.

Im Folgenden versuche ich zu zeigen, daß beides, mehr Europa und mehr Demokratie, zusammen gehört, und: daß die Chance eines Mehr an Demokratie nur über ein starkes Europa zu haben ist. Anzusetzen wäre ganz oben und ganz unten: Abgabe nationalstaatlicher Macht nach oben, zugunsten einer handlungsfähigen EU, wie nach unten, Wiederkehr begrenzter lokaler Selbstbestimmung. Und dies unter der Voraussetzung, daß es die Einzelnen sind, die das entscheiden werden – eben diejenigen – wir –, denen sowohl die Demokratieforderung zu leicht fällt wie auch die Europakritik.

Wie die alten Demokratietheoretiker, die stets mit einem Kapitel de homine begannen, fange ich deshalb bei den Einzelnen an. Was traut man ihnen, was trauen wir uns zu? Die historische Unruhe des Austritts der Einzelnen aus herkömmlichen politischen Bindungen ist wohl das größte Thema unserer Zeit. Daß damit der Nationalstaat ebenso unter Druck gesetzt wird wie das zugehörige Ordnungssystem Repräsentativdemokratie, macht angst. Es sollte stattdessen als die historische Chance wahrgenommen werden, daß das europäische Projekt Demokratie sich noch einmal neu, tatsächlich von unten her, erfindet.

Gibt es dafür eine realpolitische Aussicht? Über Anlässe eines Systembruchs möchte man in einer so unruhigen Welt nicht einmal spekulieren, und zwingende Umstände für die Einräumung von Entscheidungsmacht ganz unten werden sich nur sehr langfristig ergeben, in Kumulierungen, für die es keinen Kalender gibt. Dafür eine road map vorzuschlagen, mag derzeit also politisch unrealistisch, sollte als Denkprojekt, als Arbeit am politischen Projekt Demokratie, aber an der Zeit sein.

1 Demokratie der Einzelnen

Im »Leviathan« des Thomas Hobbes treten die Einzelnen aus dem Kampf aller gegen alle aus, treten ein in den Staat »und unterstellen ihre Willen, jeder Einzelne, seinem Willen, und ihre Urteile seinem Urteil.[1] Sie werden als Einzelne dadurch nicht vernichtet, vielmehr für den Genuß ihres Lebens und Eigentums freigestellt, aber unter Verlust sämtlicher politischer Eingriffsrechte. So fiktiv dieser Vertrag im historischen Sinne sein mag, so klar beschreibt die Fiktion das Entscheidende: die Einbindung der Einzelnen in den neuzeitlichen Staat.

Und um so nützlicher ist sie auch, um zu verstehen, was heute, am anderen Ende der großen neuzeitlichen Parabel, vor sich geht: der Austritt der Individuen aus eben dieser Bindung. Dazwischen liegt die lange, mühevolle Geschichte wechselseitigen Ausgleichs: des schrittweisen Erwerbs politischer Rechte in der Klammer des Repräsentativsystems seitens der Individuen, der Herstellung eines immer engeren Zugriffs auf die privaten Lebensverhältnisse seitens des Staates.

Was sie vom Ergebnis halten sollen, ist vorerst weder Staat noch Einzelnen klar. Der Staat ist einerseits so unverzichtbar wie noch nie in aller bisherigen Geschichte, andererseits ist er in einem bisher unvorstellbarem Maße den Interessen seiner Bürger ausgeliefert. Nicht anders auf der Seite der Individuen. Hatte man in

1 | Thomas Hobbes, Leviathan or the matter, form and power of a commonwealth ecclesiastical and civil (London 1651), The second Part. Of Commonwealth, ch. 17, hg. v. Michael Oakesshott, New York 1962, 132.

Hobbes' Allegorie die denkbar stärkste Formulierung der Einbindung der Einzelnen in ein festes gesellschaftliches Gefüge, so verstrickt sie das Ineinander von umfassender Abhängigkeit vom Staat und fortgeschrittenem sozialem Bindungsverlust in das Dilemma, selber entscheiden zu wollen, ohne verantwortlich zu sein.

Beide Seiten sind verunsichert, die Vermittlung durch Politik labil: Während die nationalen politischen Entscheidungssysteme sich, bei medialer Öffnung, unter dem Druck weltpolitischer Abhängigkeiten und globaler Sachzwänge nach unten abschließen, scheint jeder Einzelne mit seinen Meinungen und Interessen eine Demokratie für sich werden zu wollen. Was aber ist von diesem unsichtbaren Parlament der Millionen Einzelnen zu erwarten?

Umkehr der Blickrichtung

Wir wissen es nicht – gerade weil, so banal oder gar tautologisch die Aussage erscheint, alle Einzelne sind. Diese Ungewißheit bricht sich auch nicht – sonst wäre die Aussage politisch wie moralisch ignorant – an den dramatisch auseinander driftenden Lebenslagen innerhalb aller heutigen Gesellschaften. Sie dürfte sich überhaupt weder durch soziologische Unterscheidung noch durch teilnehmende Beobachtung ausreichend aufhellen lassen. Zwar, am nächsten käme man identifizierbaren Einzelnen immerhin noch dort, wo sie vom Durchschnitt abweichen. Dies unabhängig davon, ob die Ausgrenzung nur nach unten erfolgt oder auch nach oben:[2] In beiden Fällen könnte man noch mit einiger Zuversicht dieser oder jener Lebenslage diese oder jene Befindlichkeiten und Äußerungsweisen zuordnen. Aber was ist mit der Menge, die dazwischen liegt? Was

---

2 | Die Ausgrenzung nach oben publiziert sich gleichsam selbst. Für die Ausgrenzung nach unten, z.B.: Nadja Klinger/Jens König, Einfach abgehängt. Ein wahrer Bericht über die neue Armut in Deutschland, Berlin 2006; Heinz Bude, Die Ausgeschlossenen. Das Ende vom Traum einer gerechten Gesellschaft, München 2008.

sagen Schichtenmodelle noch über die konkreten Individuen aus, von denen jedes dieses ist und vieles andere aber auch? Da ist es lehrreich, von welcher Fülle von Zweifeln und methodischen Problemen z.B. eine Annäherung an die Mittelschicht begleitet ist.[3] Man ist schon hier der Unfaßbarkeit der Gesamtmenge der Einzelnen bedenklich nahe. Wollte man sich aber auf letztere einlassen, stände man vor dem Unbekanntesten, was es gibt, der Sphinx schlechthin: Gesellschaft.

Wenn das nicht die Nacht sein soll, in der alle Katzen grau sind, muß allerdings ein anderer Zugang möglich sein, nicht: Wer ist das, die Einzelnen, sondern: Was heißt es, im 21. Jahrhundert Einzelner zu sein – für die Einzelnen selbst wie für ihre Äußerungs- und Handlungsmöglichkeit als sozialer Körper? Und dies, ohne auf Innenperspektiven abzuheben und Psychologie zu betreiben.

Daß alle Einzelne sind, ist ja nur so lange tautologisch bzw. banal, wie man von sich selbst absieht. Alle sind in einem bemerkenswerten Sinne nur Einzelne, weil sie gezwungen sind, sich für sich selber wie für andere bzw. gegenüber anderen zu identifizieren, zu wissen, wer sie sind und wohin sie gehören bzw. nicht gehören, sich von sich aus zuzuordnen und über Abgrenzung von anderen, Ungleichen, sich als Besondere aufzufinden. Einzelne sind sie also gerade ungeachtet ihrer manifesten Unterschiedlichkeit nach Herkunft, Status, Besitz, Physis, Fähigkeiten und Chancen. Erst darin kommt die historische Schicksalhaftigkeit der scheinbaren Tautologie zum Tragen: die Vordringlichkeit, unhintergehbar Individuum zu sein. Alle sind vorgängig, inmitten ihrer offensichtlichen Unterschiedenheit nach Möglichkeiten und Lebenslage, in einer historisch neuen Weise für sich selbst Einzelne geworden, eine alles Institutionelle überrennende Wucht der Selbstanmeldung angesichts der Unverwechselbarkeit eines jeden Lebens. Was an Unterschiedlichkeit wie Ungleichheit unübersehbar da ist, muß individuell ausgetragen werden. Es sei denn, man flieht, Welt und individuelle

3 | Z.B.: Steffen Mau, Wohin driftet die Mittelschicht?, Berlin 2012.

Lage verwechselnd, in Psychosekten oder fundamentalistische Erregungsgemeinschaften.

Das ist historisch so voraussetzungsvoll wie neu. Die Einzelnen treten keineswegs aus der Gesellschaft aus, aber sie setzen einen Vorbehalt, sich selbst, eine sie so erregende wie zugleich ängstigende Distanz gegenüber den gesellschaftlichen Formaten, ob Beziehungsformen oder Staat, ob Wirtschaft, Politik oder Kultur, denen man sein Überleben verdankt. Wenn es eines Beweises bedürfte, so bieten ihn die neuen sozialen Medien. Man mag ihren schockhaften Aufbruch für ephemer halten – es gäbe sie nicht, wären sie nicht eben die privilegierte Plattform, die sich die historische Selbstsetzung der Einzelnen notwendig erfinden mußte.

Selbstverständlich macht die Selbstanmeldung der Einzelnen vor der institutionellen Politik am wenigsten halt: Politisch sind sie für sich nicht Masse, sondern vor allen möglichen sozialen Aggregierungen ein auf eigene Rechnung politisches Ich-selbst – der Punkt, der durch die politischen Mechanismen des Interessenausgleichs – welche Partei, welche Institution, welche politische Aussage vertritt mich? – offensichtlich nicht mehr ausreichend aufgefangen wird. Die klassischen, Politik ermöglichenden Unterscheidungen, in denen in der bisherigen Geschichte die Individuen sich selbst wie dem Staat gegenübertreten konnten, sind ohnehin gebrochen, weder Standes- noch Klassenzugehörigkeiten informieren sie über ihren der individuellen Befindlichkeit vorausliegenden gesellschaftlichen Ort, es fehlen die tragenden sozialen Masken. Die institutionellen Bindungen sind zwar nicht außer Kraft: Nach wie vor geht eine Mehrheit zur Wahl, sind die Einzelnen durch eine Fülle von Vertretungssystemen gebunden, Parteien, Gewerkschaften, Interessenorganisationen, Kirchen, Mitbestimmungsrechte. Nur reicht das nicht mehr, um sie politisch in auch nur annähernder Übersichtlichkeit zu formieren.

Zugleich ist die Politik so nah an die Einzelnen herangerückt wie nie zuvor: Niemandem ist wirkliche Politikferne möglich. So wenig wie die institutionalisierte Politik von der Selbstmeldung der Einzelnen abstrahieren kann, nicht nur nicht, wenn sie Politikmißtrauen in politisches oder ökonomisches Handeln umsetzen, sondern bereits in ihren persönlichen Optionen, z.B. einzeln zu leben oder auf Kinder zu verzichten, zu bauen oder zu mieten usw.; erst recht, wenn sie als Problemfall auftreten, Jugendgewalt, Drogen, Behinderung, als Krankheits-, Alters-, Demenzfall. Ob man unter permanent sich wandelnden Umständen sein Leben meistert oder herausfällt, immer ist man und macht man Politik.[4]

Daß man die Einzelnen als politische Größe in Wartestellung gerade da aufsuchen sollte, ist deshalb so einleuchtend wie problematisch – wie denn auch gerade für jeden Einzelnen selbst mißverständlich: Man weiß nicht mehr, als wen man sich – dieses Alle der Einzelnen, das wir sind – zusammenfinden würde, selbst wenn es dazu noch den historischen, oder auch virtuellen, Marktplatz geben könnte. Auf wen blickt man? Der Wutbürger ist eine Konsequenz der politischen Fassungslosigkeit, keine neue Form. Das gilt überhaupt für zivilgesellschaftliche Bewegungen, ob spontan oder kontinuierlich an genau definierten Zielen arbeitend, ob konstruktiv oder zerstörerisch. Je anspruchsvoller bzw. reflektierter der Anspruch, desto kleiner allerdings das sich aussprechende Segment. Aber selbst erfolgreiche Volksabstimmungen lassen uns mit der Frage zurück, welches Alle, welche Koagulierung der Einzelnen, welche Gesellschaft sich ausgesprochen hat. Solange sie das nicht können, zeigen Bewegungen wie Beteiligungsformen wie das Plebiszit nur den Riß im demokratischen Gefüge, bleiben aber weit davon entfernt, eine tragfähige Vermittlungsebene zwischen bindungsfreien Einzelnen und gegebener politischer Verfassung anzubahnen. Der Riß geht tiefer.

4 | Michael Th. Greven, Die politische Gesellschaft. Kontingenz und Dezision als Probleme des Regierens und der Demokratie, 2. Aufl. Wiesbaden 2009.

Handlungsfähigkeit

Unter welchen Bedingungen, an welcher Stelle könnten die Einzelnen überhaupt konstruktiv politisch auftreten? Wir wissen vorher nie, was einer gegebenen Gesellschaft möglich oder unmöglich ist, und man tut gut, nicht zu viel auszuschließen. Die Frage, ob zwischen Einzelnen und politischem Apparat mehr möglich sei als, bei schleichender Destruktion, die Beugung unter die gegebenen Verfahren repräsentativdemokratischer Vertretung, ist daher nur aus einem gleichsam historischen Abstand zu stellen.

Daß gesellschaftliche Handlungsfähigkeit keine Frage an ein Individuum X oder Y ist, versteht sich von selbst: Wir sehen ständig Einzelne auftreten, protestierend, oder in Notfällen spontan in die Lücken staatlicher Zuständigkeit einspringend. Gefragt ist nicht dieser Einzelne, oder diese Vereinigung, sondern die ihrer selbst ungewisse Gesellschaft der Einzelnen. Gefragt ist, ob eine Entbindung des Politischen zu Händen der Einzelnen auf der untersten Ebene der Individualität nicht aus sich heraus, quasi entwicklungslogisch, Kompensierungshandeln aufruft. Damit ist also an den historischen Prozeß appelliert – den Möglichkeitsraum der Geschichte.

Den Umstand, der diesen Möglichkeitsraum öffnen würde, kann man, solange der Staat funktioniert, nur hypothetisch formulieren, gleichsam phantasieren:[5] die gedankliche Figur des Grenzfalls. Vorgriff also auf eine Krise, die so tief ginge, daß sie in der Tat Mehrheiten beträfe und zum Auftritt brächte. Ein solcher Vorgriff ist, auch als Denkschritt, nur zu rechtfertigen, wenn er sich sowohl auf historische Erfahrung wie auf gegenwärtige Wahrscheinlichkeiten stützen kann. Man muß in der Tat keine Kassandra sein, um diese Möglichkeit eines tiefgreifenden Einbruchs zuzugestehen. Natürliche wie soziale Systeme können einbrechen und sind eingebrochen. Technische Defekte belehren uns schon im Kleinen, wie

5 | »Was für eine Mechanik ist das Natürliche und welcher Listen bedarf es, um wahr zu sein!«: Flaubert, Brief v. 6.4.1853 an Louise Colet, in: Gustave Flaubert, Briefe, hg. u. übers. v. Helmut Scheffel, Zürich 1977, 246.

gefährdet das Funktionieren hoch zentralisierter Versorgungssysteme ist: Man mag sich in Europa vor Tsunamis sicher fühlen – es reichte z.B. der Ausbruch eines isländischen Vulkans, um tagelang Flugverbindungen zu unterbrechen und Reisende zu Nomaden zu machen, und die lokale Abschaltung einer Starkstromleitung über der Ems ließ vor Jahren in halb Europa das Licht ausgehen.

Ein Einbruch im Großen wäre natürlich etwas ganz anderes. Aber auch da gibt es Gründe, und durchaus aktuelle Gründe, um dergleichen nicht ausschließen. Das derzeitige weltpolitische System ist angesichts extremer Ungleichheiten denkbar labil. Die Illusion, die Konflikte der übrigen Welt könnten aus den Zentren des Wohlstands herausgehalten werden, wurde spätestens durch die Flüchtlingswelle des Jahres 2014 widerlegt. Gleichzeitig beruht der westliche Reichtum auf einem Wirtschaftssystem, das, zu je höherer Effizienz es sich steigert, einerseits die von ihm abhängigen Gesellschaften zerstört,[6] andererseits auf eine katastrophale Überforderung der natürlichen Ressourcen zugeht, während die politischen Systeme überall allein schon in der Friedenssicherung versagen. Wir dürften in der Tat, inmitten weltweit steigender Produktivität und historisch trotz aller Ungleichheiten unverhältnismäßig gewachsener Lebenschancen, angesichts eines dramatischen Ineinanders von natürlichen, wirtschaftlichen und politischen Verwerfungen, vor der Möglichkeit zumindest eines tiefen Umbruchs stehen.

Nicht anders die Nachrichten aus der Geschichte. Allein schon die europäische ist reich an Abstürzen. Auffällig ist dabei, daß gerade in Hochzeiten, inmitten prosperierender Entwicklung, die tiefsten Einbrüche vorfielen – die Pest von 1349, der Dreißigjährige Krieg, oder, recht nahe noch, um 1900, auf dem Gipfel wirtschaftlicher Potenz der Absturz in die großmaßstäbliche Vernichtung von Menschen und Kapital.[7] Im Rückblick sieht man auch, wie diese Einbrüche für bestimmte Zeit die gewohnten Ordnungssysteme

6 | Dazu: Edward Luttwak, Turbokapitalismus. Gewinner und Verlierer der Globalisierung, Hamburg/Wien 1999.

7 | Thomas Piketty, Le capital au XXIe siècle, Paris 2013, 232-238.

außer Kraft setzten: Jeweils standen die Individuen vor der Situation, daß Institutionen, finanzielle Sicherungen, Versorgungssysteme zusammenbrachen und sich das Leben der Menschen auf den Punkt konzentrierte, wo jeder selbst sehen mußte, wie er das Minimum an Obdach und Nahrung zu fassen bekam: der Grenzfall gesellschaftlicher Selbstorganisation war da.

Nur ist heute zu fragen, ob wir, so wie wir leben, dafür noch die Ressourcen historischer Selbsthilfefähigkeit und Selbstorganisation hätten. Zwar bringen kleinere und lokal begrenzte Unterbrechungen – Hochwasser, Verkehrsunterbrechungen, Unfälle – zuverlässig auch die Fähigkeit Einzelner zu selbständigem Handeln zum Tragen, aber dies geschieht vor dem Hintergrund funktionierender Institutionen und bereitstehender Mittel. Wie stände es bei Verallgemeinerung des Notfalls im nationalen Maßstab? Allein die Denkbarkeit reicht aus, um den Schatten in den Blick zu rücken, der über der Funktionsfähigkeit hochmodernisierter Gesellschaften liegt: Wir sind, Dilemma moderner Individualisierung, als Einzelne in keiner Weise mehr der Fähigkeiten primären Überlebens mächtig. Je höher in den letzten zweihundert Jahren die Ansprüche der Einzelnen an Sicherheit, Gesundheit, Mobilität, Kommunikationsmittel, Komfort geworden sind, desto abhängiger wurden sie von Leistungen außerhalb ihrer Reichweite. Je mehr die Sicherungsmechanismen außerhalb ihrer Lebenswelt konzentriert sind, desto mehr werden sie selbst zur Schwachstelle des Systems. Wenn es stockt, dann kommt es aber gerade auf sie an, ist man abhängig von Fähigkeiten der Selbstorganisation, die von langer Hand her abtrainiert wurden.

Wer noch das Kriegsende 1945 und die Zeit danach erlebt hat, hat keine große Anstrengung der Phantasie nötig, um sich die Situation vorzustellen. Die Aussichten der Selbstorganisation wären heute, trotz unzerstörter Städte, allerdings noch düsterer als damals: Das Ausschwärmen der Städter auf das Land wäre angesichts heutiger Agrarindustrie ziemlich aussichtslos. Die nachwachsenden Rohstoffe der Agrarunternehmer kann man so wenig essen wie den Rasen der stadtnahen Schrebergärten. Vor allem fehlen inzwischen die Fähigkeiten und Kenntnisse eines Überlebens auf unterstem Niveau: zu wissen, was überhaupt alles eßbar ist, wo man es findet, wie man es zubereitet.[8] Für andere Bereiche der täglichen Versorgung, die vor zwei Generationen zur Not noch durch ein dichtes Netz von handwerklichen Betrieben abgedeckt werden konnten, gilt Vergleichbares. Die kleinen produzierenden Betriebe, die vormals fähig waren, sich in kürzester Zeit von zivilen Gütern auf Rüstungsbedarf und wieder zurück auf zivile Produkte umzustellen, sind verloren, und damit die über Jahrhunderte akkumulierten Techniken und die differenzierten Fähigkeiten der Hände. Alles hängt am Funktionieren übergroßer, weltweit vernetzter und damit höchst anfälliger Verteiler, während die Einzelnen selbst bei optimaler Marktöffnung immer weniger Zugriff auf die Steuerung ihrer Existenzmöglichkeiten haben.

Dieser Schutzlosigkeit ist man sich offensichtlich bewußt. Die Einzelnen haben z.B. dank der Finanzkrise begriffen, daß in Sachen Alterssicherung weder auf den Staat noch auf Banken und Versicherungen Verlaß ist, von begründeten Inflationsvermutungen zu schweigen. Das Bewußtsein der Schutzlosigkeit zeigt sich aber vor allem am vitalsten Punkt, der Energieversorgung in einer global vernetzten, zugleich extrem störbaren Welt: Man ahnt, was ein Winter ohne Öl und Gas bedeuten könnte, und daß man auf lokale, ja strikt individuell organisierbare Ressourcen angewiesen wäre.

Für die Bewältigung einer Versorgungskrise auf heutigem Niveau gibt gerade das Energieproblem allerdings auch ein Leuchtzeichen, so wenig das zu verallgemeinern sein mag. Ohne viel zu reden, dämmen Leute ihre Häuser, kaufen energiesparende Geräte, rechnen, ob sich das häusliche Kleinkraftwerk im Keller lohnt, stei-

---

8 | Kritische Agrarexperten diskutieren das Problem derzeit als das der mangelnden Resilienz – der Unfähigkeit des agrarindustriellen Komplexes, unter den aktuellen Bedingungen weltweiter Abhängigkeiten mit Schocks umzugehen, stellvertretend dazu: Christa Müller (Hg.), Urban Gardening, München 2011.

gen auf Holzfeuerung um, Dörfer proben die Autarkie, private Wasserkraftwerke werden reaktiviert, Anleger investieren vermutlich nicht nur aus wirtschaftlichem Kalkül in Fonds für Windenergie und Biogas: Unabhängigkeit von den Energiekonzernen, Unabhängigkeit gegenüber politikabhängigem Öl und Gas. Woraufhin Konzerne an Verbundsystemen arbeiten, welche lokale Energieproduktion und nationale Stromverteilung zusammenbringen könnten. Systemisch gesehen, ist das der Übergang von zentraler Bündelung zu jener Netzstruktur, die nicht nur das Internet vorgemacht hat, sondern zuvor schon – Ökologen, Wissenschaftstheoretiker, Neurologen schärfen uns das seit Jahrzehnten ein – die Natur. Alternativlosigkeit? Die Nachricht aus dem Energiesektor zumindest lautet: Grundsätzlich geht es.

Was kann man den Einzelnen zutrauen?

Nach hundert Jahren staatlicher Daseinsvorsorge ist weit mehr verloren gegangen als die Fähigkeiten rudimentärer Selbstversorgung. Während den Einzelnen im Schutze staatlicher Regulierungen und Sicherheitsvorkehrungen ungeahnte Möglichkeiten der konsumptiven Auswahl und der Selbststilisierung zuwuchsen, verloren sie weitgehend die Erfahrung, für die Rahmenbedingungen ihrer Existenz mitverantwortlich zu sein.[9] Halb Europa hat darüber hinaus noch mit der Last zu tun, über Jahrzehnte politische Verantwortlichkeit an Diktaturen abgegeben zu haben. In der sie ablösenden Wirtschaftsdemokratie treibt die Verknüpfung von verallgemeinerten Konsummöglichkeiten und sich auflösenden Arbeitswelten Abhängigkeit und Entwöhnung weiter voran. Die verfügbaren Sicherungen andererseits sind so bürokratisiert und in ihrer Leistungsfähigkeit so ausgereizt, daß das System kaum noch über Notaggregate zu verfügen scheint.

---

9 | Pierre Rosanvallon, La crise de l'État-Providence, Paris 1981.

Man darf allerdings davon ausgehen, daß das kein endgültiges Ergebnis, ja überhaupt ein Trugschluß ist. Dafür steckt in jeder Gesellschaft zu viel an sich ständig reproduzierender Lebendigkeit: Es widerspräche nicht nur der Ökologie des Lebens, sondern auch aller historischen Erfahrung, wenn nicht für historisch verlorene Kompetenzen primärer Selbständigkeit Ersatz ausgebildet würde. Was also traut man der Masse der Einzelnen zu? Ohne gute Gründe dafür, daß die wirklichen Einzelnen politisch und sozial belastbarer sind, als das Repräsentativsystem vorsieht, könnte man sich weitere Überlegungen sparen.

Offensichtlich gilt das u.a. für die neuen digitalen Kompetenzen. Der Tatbestand ist weniger banal, als er sich anhört, zumindest dann, wenn man davon ausgeht, daß in der technischen und ökonomischen Bravour des digitalen Wandels zugleich ein gesellschaftlicher Auftrag steckt – der, auf dem Untergrund verlorener historischer korporativer Autonomie die Chance einer Autonomie zweiter Ordnung zu erzeugen, inmitten beibehaltener Ungleichheiten freigestellt für horizontalen Zusammenhang, frei von den Einkastelungen jener ethnischen und korporativen Zuschreibungen und Unfreiheiten, welche die alten Autonomien begleiteten.

Die Digitalisierung weiter Handlungsbereiche stellt in der Tat, erfahren wir, nicht nur eine neue handlungspraktische Oberfläche dar. Sie realisiert in technischer Form tatsächlich einen ohnehin laufenden Tiefenprozeß mentaler und handlungsstruktureller Neuorientierung. In dem Maße, wie hierarchisierende Ordnungen aufgelöst werden zugunsten horizontaler,[10] werden aus den gegensätzlichen Polen: hierarchische versus netzförmige Organisation, kombinationsfähige Bausteine. Anders als die Vorstellung Revolution besagte, muß also nicht vernichtet und ein ganz Neues proklamiert werden, es wird vielmehr nebengeordnet, eine Entmachtung der hergebrachten Signifikanten: der Begriffe wie der sozialen

10 | Zu den organisationslogischen Konsequenzen: Fritz W. Scharpf (Hg.), Games in Hierarchies and Networks. Analytical and Empirical Approaches to the Study of Governance Institutions, Frankfurt a.M./Boulder (CO) 1993.

Positionen. Inmitten der Verschiebungen im Verhältnis von Staat und Gesellschaft, Regierenden und Regierten, Person und Stelle, öffentlich und privat, innen und außen, realisiert sich die Krise der Repräsentation, der Vertretungsmacht.

Die Digitalisierung der Verkehrsformen bricht also keine Machtmonopole, aber sie schließt tendenziell alle an und erlaubt damit den Einzelnen, sich erstmals, im Unterschied zur von oben durchgesetzten Alphabetisierung, als Ausgangspunkt zu erfahren und zumindest der Möglichkeit nach selbstbestimmt über kommunikative Ebenen zu verfügen: über Mittel staatsunabhängiger Kooperation, von denen frühere Generationen nur träumen konnten. Im Massengebrauch der neuen digitalen Kompetenzen und der Erfahrung, etwas zu können, wächst den digitalen Kompetenzen damit die Funktion zu, die angehäuften sozialen Selbständigkeitsverluste zu kompensieren.

Ob sie das auch leisten, hängt davon ab, wie die Mehrheit der Nutzer langfristig mit den eingebauten Fallen umgeht. Die umfassende digitale Ausstattung der Einzelnen ordnet sich zum einen perfekt der Zweideutigkeit aller Individuierung ein, erlaubt sie doch den Einzelnen, inmitten realer Kommunikation in einen Kokon zu schlüpfen, der wiederum sich weltweit öffnen läßt: verinselt, ohne aufzuhören, dabei zu sein. Diese Doppeldeutigkeit des Mediums sagt über die Neupositionierung der Individuen mehr aus als alles andere: Die Möglichkeit, sich scheinbar voraussetzungslos als Individuum aufzustellen, setzt die klassischen Institutionalisierungen voraus, unterläuft sie aber durch das Hinübernehmen sozialer Vernetzung in die digitale Kapsel.

Eine entsprechende Dehabilitierung ist kaum zu bestreiten: Die Einzelnen verlernen, umhüllt von ubiquitärer Kommunikation, die einfachen Techniken des Umgangs mit sich selbst – sich ausreichend zu sichern, oder auch nur sich selbst auszuhalten; die digitale Aufrüstung torpediert die bereits durch Werbung geschädigte Fähigkeit, Zeichen und Sache auseinander zu halten; die Unmittelbarkeit des Zugriffs beschleunigt das Verlernen grundlegender

Kulturtechniken, z.B. die Orientierung im realen Raum oder die Unterscheidung von Wissen und digital geteiltem Vorurteil.[11]

Aber offenbar sind das die unvermeidlichen Kosten der Öffnung der kollektiven Wissensbestände und Steuerungsfähigkeiten für alle. Wie man damit seine Rechnung macht, bleibt abzuwarten. Gleiches gilt für die digitalen Gefahren: Während sich die Zugänglichkeit des Netzes über Mobbing, kriminelle Zugriffe, fundamentalistische Propaganda usw. gegen die Nutzer wendet, ist man, mailend, surfend, einkaufend, der Beobachtung von Staat und Unternehmen ausgeliefert. Ob die Einzelnen so in eine politische Auseinandersetzung darüber getrieben werden, ob und wie sie den Nexus von Freiheitsgewinn und Selbstauslieferung unterbrechen wollen, bleibt völlig offen.

... UND WIE BELASTBAR SIND SIE?

Der Krisenfall ist vermutlich noch zu einfach gedacht. Die wirkliche Herausforderung der Individuen ist eine Normalität, in der die einst mehr oder minder klar begrenzten Zuschnitte dessen, was man ist und was man darf oder soll, verblaßt sind, verläßliche Grenzen fehlen und Selbstoptimierung und Selbstgefährdung ineinander übergehen. Aus der Frage, worauf man sich als Einzelner verlassen kann, erhebt sich die weit unheimlichere, ob ich mich auf mich selber verlassen kann. Und sie bleibt offen, nur oberflächlich abgewehrt durch technisch immer genauere Kontrollen des eigenen Körpers und entsprechende körperliche oder mentale Ertüchtigungsstrategien. Darunter liegt, mehr oder minder gut verdeckt oder auch nicht, das immense Suchtpotential der Einzelnen , liegen die Treibsätze irrationaler Handlungen.

11 | Auf der Ebene intellektueller Praxis: das eigene Formulieren, das jeweilige Neudenken (ersetzt durch die Kopierfunktion), die Nutzung handschriftlicher Medien und die Fähigkeit, vom Netzangebot zurückzugehen auf die Quellen, ob Realverhältnisse oder Bücher und Archive.

Gleichzeitig wird die Frage – kann man sich auf die Einzelnen verlassen? – gesellschaftlich gestellt: Eben nicht nur von der Gesundheitsindustrie oder den Versicherungsunternehmen, nicht einmal nur von Polizei und übrigen Sicherheitsorganen – jeder Einzelne ein potentielles Sicherheitsrisiko –, sondern z.B. auch von ratlosen Eltern, wenn Jugendliche zu Drogen greifen, aus Schule, Lehre, Familie ausbrechend auf der Straße leben, nicht mehr ansprechbar sind, sich politisch oder religiös radikalisieren.

Im Grunde ist das die Frage, ob in einer begrenzungsschwachen Realität noch die allgemeinen menschlichen Ressourcen ausreichen – Klugheit, Tatkraft, solidarisches Verhalten, Neugier, Gutwilligkeit usw. Offenbar sind sie weder über Herkunft noch Erziehung wirklich zu garantieren. Niemand ist wirklich frei, die Köpfe nicht nur von Augenblicksinteressen besetzt, sondern bis ins Intimste, die Tageschronik zeigt es, auch von unaufgearbeiteter Vergangenheit. In den Körpern stecken der Arbeitszwang und die Schläge von Jahrhunderten. In jeder Selbstmeldung stecken Jahrhunderte sozialer Kränkung, das Nichtgesehenwerden der Unterschichten ebenso wie häusliche Unterdrückung und Gewalt – die Familie als Demütigungsanstalt. Wohlstand reichte nicht zur Begütigung. Keine Politik von oben konnte, so sozial sie gedacht sein mochte, daran etwas ändern.

Es wäre eine Illusion zu meinen, die Gesellschaft als solche verarbeite die permanenten Modernisierungsschübe. Den Einzelnen wird nichts erspart. Das Verblassen der großen institutionellen Behälter – Staat, Nation, Kirche – muß so individuell verarbeitet werden wie das der kleinen, Ehe und Familie. Der Verlust tragender Überlieferungen und Glaubensgewißheiten macht in einem historisch unvergleichlichen Sinne heimatlos.[12] Keine Elternrolle kann von der nächsten Generation mehr übernommen werden, sie soll sich, ohne die herkömmlichen Geleise, selbst finden. Eben deshalb

---

12 | Arthur E. Imhof, Die verlorenen Welten. Alltagsbewältigung durch unsere Vorfahren – und warum wir uns heute so schwer damit tun, München 1984.

sind die empirischen Personen ihrer selbst wie ihres Verhältnisses zu ihresgleichen so wenig sicher wie wohl keine Generation zuvor, und ist der Boden, auf dem sich Beziehungen bilden, so brüchig. Abstürze hier, Versteinerung dort. Um so heftiger der Druck zu öffentlicher Ausstellung des Ich: ein Anspruch an Unverwechselbarkeit, der dessen Einsamkeit im Nacken hat. Jeder will gesehen werden, wer es nicht in den Lichtkegel öffentlicher Medien schafft, wird sich über digitale Foren veröffentlichen. Keine Selbstgefährdung hält davon ab, so als könne schlechterdings niemand bei sich bleiben.

Trotzdem, wir, die Einzelnen, sind nicht einfach atomisiert, daher auch nicht unsozialer als alle bekannten historischen Gesellschaften. Aber im Unterschied zu diesen steht man nicht mehr vor identifizierbaren traditionellen Bindungen, die noch für ein Versprechen vollkommener Freiheit der Person aufgebrochen werden könnten. Stattdessen erfährt man, daß der emanzipatorische Ausstieg aus allen hemmenden Bindungen durch Einsamkeit bezahlt wird. Daher eine nervöse soziale Überaffektivität, um so heftiger, je angstbesetzter es wird, unter anderen ein anderer zu sein: allein inmitten zerbröckelnder sozialer Bindungen und vor der Nötigung, ob Arbeit oder Liebe, Zusammenhang privat zu erzeugen. Der Übergang von Bindung zu Vernetzung jedenfalls scheint obligatorisch. Wer nicht vernetzt ist, ist mit der eigenen Person allein. Netzwerke allerdings sind ambivalent. Sie machen stark, sind aber auch zerbrechlich, sobald Karrieren, Kinder, Krankheit usw. das Feld bestimmen. In jedem Fall ist offen, ob der Übergang den Einzelnen auch gelingt.

Offen ist überhaupt die Bilanz, was Verlust an Bindung, mithin Gefährdung, und was Zugewinn an Freiheiten ist. Der Verlust macht heimatlos: Vermutlich war in der bisherigen Geschichte das Experiment der Selbstverwirklichung noch nie so massenhaft für Abstürze und Enttäuschungen offen. Auf der Gewinnseite steht die Chance eines Lebens ohne den Druck patriarchaler Zwänge und Schuldübertragungen. Nie zuvor war das eigene Ich – daß man am Leben ist – bei allen äußeren Abhängigkeiten so unmittelbar in die

Hand zu nehmen. Daß die Chancen hierfür zu ungleich verteilt sind, ist das vordringliche soziale Problem; daß es dafür keinen abstützenden und tragenden institutionellen Näheraum gibt, ist das zentrale politische Problem.

Die politische Fassungslosigkeit

Dieser umfassende Packen von Selbstfindung, Selbstbewährung und Selbstertüchtigung samt seines Schattens, der mehrheitlichen Gefahr, an sich wie an der Härte der gesellschaftlichen Welt zu versagen, ist nicht länger privat, und damit vorpolitisch zu halten. Er wird, politisch geworden, Politikgegenstand und tritt damit neben die klassischen politischen Themen des individuellen Dasein – z.B. Rentensicherheit, Mietrecht, Bildungsmöglichkeiten, Gesundheitswesen, Mobilität, Sparzins und, Kernpunkt individueller Ängste, wirtschaftliche Stabilität –, alle die Issues, die sich noch mit Parteiprogrammen verbinden, wie sie umgekehrt die Interessenkonflikte der institutionellen Politik in jedem Einzelnen verankern.

Die Fassungslosigkeit ist beiderseitig. Für sich selbst weitgehend politisch fassungslos, ist die Selbstanmeldung der Einzelnen zugleich das Treibende eines Fassungsverlustes der Politik. Politik ist nicht mehr das andere gegenüber der Masse der Individuen, sondern eher deren mentale Spiegelung. Während sich ihr institutioneller Panzer – das Korsett demokratischer Verfahren, internationaler Verträge, wirtschaftslobbyistischen Drucks, Parteirücksichten – eher noch verhärtet, durchdringen Befindlichkeiten die klassischen Themen bis hin zum Populismus. Die das repräsentative Entscheidungssystem schützenden Scheidewände sind nicht geschleift, aber sie sind offenbar in einem kritischen Maße durchlässig geworden.

Während die institutionalisierte Politik gleichwohl vertragstreu bleiben muß, will sie sich nicht aufgeben, gilt für die politischen Einzelnen eher das Gegenteil. Je uneiniger und je getrennter sie untereinander sind, desto näher liegt es, Versagungserfahrung als Systemversagen zu notieren. Um so weniger ist man genötigt, die objektiven Schwierigkeiten politischer Steuerung – Interessenausgleich, Entscheidungsfindung, globaler Außendruck, Finanzierbarkeit, Problemadäquanz gesetzlicher Fixierung und administrativer Implementierung usw. – an sich heranzulassen. Anders als die verfaßte Politik, ist man als Einzelner weder genötigt, zwischen subjektiven Empfindungen und objektivierbarem Unrecht zu unterscheiden, noch ist man, wenn man in mehr oder minder ungebremster Subjektivität Forderungen an Politik und Gesellschaft heranträgt, einem ihrer Strittigkeit entsprechenden Einigungszwang unterworfen.

Immerhin beginnt so das unsichtbare Parlament der uneinigen Vielen, den Deckel zu lüften. Eindeutigkeit ist nicht und nie zu erwarten. Vieles trägt bereits sprachlich die Zeichen unwillkürlichen Austritts aus dem Verständigungszwang, der, mühsam genug, Gesellschaft ausmacht. Die Sprache des Protests ist schrill und selten frei von der Versuchung, fundamentaldemokratisch als die Gesellschaft, oder gar die Menschheit schlechthin, zu sprechen. Je breiter die Basis, desto uneindeutiger wird die Nachricht, ein Dauerton der Unzufriedenheit und des Verkanntseins – aber auch desto authentischer. An die Stelle begrifflicher Fassung treten Ausdruckscharaktere: eine eigentümliche Betroffenheitsaura des Forderns und die zugehörigen Sprachformen der Empörung, der Klage, des Leidens, der Unverstandenheit, der Wut. Es ist, als klagte man ein Naturrecht des Nichtverstehenmüssens ein gegenüber allem, was an Entscheidungszwängen wie Überzeugungen Politik ausmacht.

Begreift man Initiativen und Protestbewegungen bzw. -parteien immerhin als Botschafter der unbekannten Einzelnen, dann ist immer noch die Frage, was davon mehrheitlich getragen wird. Was ist Mitte, und wo fangen Mehrheiten an – z.B.: wie mehrheitlich oder wie viel Mitte ist die sächsische Pegida des Jahres 2014, eine deutlich mittelständische Bewegung? Die entschiedenen Auftritte verdecken auch: als sei da nichts, wo keine Bewegung auftritt, und als verästelte sich nicht jede zugespitzte Äußerung mit einem unbestimmten Umfeld, bzw. überhaupt mit jener ominösen Mitte der Gesellschaft, die heute so mißtrauisch beobachtet wird. Eine Zone der Ungewißheit: Das Rätsel Mitte ist im Entscheidenden das der jeweiligen Stimmungslage der Gesellschaft: wie der Durchschnitt der Einzelnen überhaupt auf historische Lagen reagiert, Globalisierung, Finanzkrise, Flüchtlingsansturm, Klimaveränderung, Technikgefahren aller Art, näher kommende Kriege usw.

Anders gesagt, das Parlament der Einzelnen stimmt im wesentlichen über Stimmungen ab. Schwankungen, Einbrüche archaischer Ängste, Erosion der Gewißheiten und damit politischer Einbindung, alles das ist die gefährliche Normalität. Diese schließt jedoch die Möglichkeit der Bewältigung mit ein. Mehrheiten sind weder notwendig blind noch unmoralisch: Welche Proteste oder Empörungen setzen sich also durch? Wenn, was mehrheitsfähig ist, nicht richtig sein muß, und was richtig ist oder scheint, keineswegs mehrheitsfähig werden muß: Welche Ängste z.B., oder welche Einsichten, erweisen sich längerfristig als so begründet, daß sie der Politik diejenigen Entscheidungen ermöglichen, die sich, ob im Lichte gesellschaftlicher Vernunft, als wirtschaftlicher Innovationsschub oder im rückblickenden Urteil der Geschichte, als richtig oder immerhin zulänglich erweisen werden? Wo tatsächlich Mehrheit ist, zeigt sich ohnehin, Beispiel der deutsche Atom-Konsens, erst in langen Zeiträumen; im Vorfeld gibt es, angesichts permanenter Innovation und unklarer Zukunft, nur das Durcheinander kontinuierlicher Anmeldungen von Befindlichkeiten, Ängsten, Wünschen und Interessen aus den Tiefen der Gesellschaftsentwicklung.

Noch dazu schwimmen die öffentlichkeitsfähigen Bewegungsmeldungen, ob NGOs, Bürgerintiativen oder Protestbewegungen, unweigerlich mit im Dauerstrom der Nachrichten aus dem gefährdeten Alltag der Einzelnen. Soziale Lagen, die vor hundert Jahren nur aus dem moralischen Blick der Oberschicht ihr Pathos erhielten, sprechen sich heute selbst aus. Welch ein Unterschied etwa gegenüber der Nüchternheit vormoderner Armutspflege wie gegenüber dem zuständigen Schematismus wohlfahrtsstaatlicher Anrechtsleistung, wenn nicht das Fehlen, sondern die Art der geleisteten Unterstützung zum Thema wird (z.B. sind es die Kinder, die in der Schule mit dem Konsum ihrer Mitschüler nicht mithalten können, welche die Berechnung von Sozialsätzen anstößig machen). Im Einzelfall weiß niemand genau, wie breit der Strom, wie nahe ein Konsens ist. Insbesondere bei jenen neuen Forderungen und moralischen Imperativen, die aus dem Politischgewordensein von Individualität folgen: Frauen-, Minderheiten-, Kinderrechte, Regulierungsfragen der Religionen, Prekariat, Kinderarmut, ökologische und biopolitische Themen aller Art, von Massentierhaltung bis Stammzellenforschung. Immer mehr kommt die ganze Welt hinein, werden beim Shopping Kinderarbeit in Brasilien oder Arbeitsbedingungen in Bangladesch zum Problem.

Alles das wird der institutionellen Politik aufgetragen, ohne daß diese sich der Überforderung entziehen kann. Handeln kann sie jedoch nur in ihrem eigenen Register: einerseits in der Zwiespältigkeit politischer Anschmiegung an Mehrheitsstimmungen und einer genau gegenläufigen Rigidität verwaltungskonformer Exekution, andererseits als professionelle Technik ungefährer Lösungen, die den gesellschaftlichen Interessenwiderspruch in der Schwebe halten. Das Nichtpassen[13] liegt auf der Hand: Es ist die Aufgabe der Repräsentation, zu den massenhaften individuellen Willensbildungen Distanz herzustellen und aus dem Chaos der Konfliktlagen und der resultierenden individuellen Präferenzen politikfähige Themen und Standpunkte zu bilden, die Entscheidbarkeit zulassen. Aus einer anderen Zeit kommend,[14] rechnet das Verfahren nicht damit, durch eine Selbstermächtigung der Einzelnen überholt zu werden, die bereits selbst entscheiden wollen.

Es geht nicht um Politikenttäuschung. Vielmehr stoßen unterschiedliche Register aufeinander, was von keiner der beiden Seiten zufriedenstellend oder gerecht abgeglichen werden kann. Zu Ende gedacht heißt das: Eine politisierte Gesellschaft will nicht nur mit Politik versorgt, sondern Subjekt der Politik sein. Die Einzelnen haben sich in der Tat als politische Instanz begriffen: ein so empfindsamer wie eifersüchtiger Narzißmus der politischen Bewußtheit.

---

13 | Pierre Rosanvallon, Le peuple introuvable, Paris 1998.

14 | Dazu unten (Anhang) S. 99ff.

Nur ist Ich-Politik, wenn sowohl die Summe der Einzelnen uneins wie jeder Einzelne in sich gespalten ist und auf verschwiegene Weise Einsicht und eigenes Handeln zu trennen weiß, der schlechthin unzuständige Souverän. Man tritt aus der Wählerbindung heraus und unmittelbar der Politik gegenüber, kann dies aber nur tun, indem man ausblendet, wie weit man als Teilhaber des Interessensystems dieselbe Politik zugleich beauftragt und sabotiert. Jede Forderung soll sich »über Steuern« erfüllen lassen, zugleich minimieren alle, die es können, ihre Beiträge und maximieren ihre Umverteilungsanteile. Ich-Politik erspart sich damit die Einsicht, in welchem Ausmaß sie Politik und Staat überfordert. Sie konfrontiert, indem sie immer mehr privates Leid wie individuelle Ungerechtigkeiten öffentlich und damit politisch macht, das repräsentative System mit Aufgaben, für die es ungeeignet ist, und sie hält es von den Aufgaben ab, die es nur allein lösen kann.

Mitbestimmung reicht nicht

Das alles wissen wir im Grunde – Politiker, Experten, Wissenschaftler, nachdenkliche Zeitgenossen aller Art. Dieses Wissen macht angst, und um so schwerer fällt es, sich zuzugestehen, daß die Hoffnungen, an die wir uns in den letzten Jahrzehnten gehalten haben – Partizipation,[15] »Bürgerschaftliche Mitverantwortung«[16] – ihr Versprechen nicht halten, vielmehr immer deutlicher hinter den Ambivalenzen der politischen Selbstanmeldung der Einzelnen zurückbleiben. Das weite Feld gesellschaftlicher Beteiligungen, von der klassischen betrieblichen Mitbestimmung bis hin zu moralisch-anarchischen Protestbewegungen, ist zwar weder verzichtbar noch ohne Erfolg und Zukunft: Es ist heute aber europaweit überschattet von einem Unten der Verweigerung, der Ausgrenzung, des Hasses

15 | Paul Ginsburg, Wie Demokratie leben, Berlin 2008.

16 | Stiftung Zukunft Berlin, »Grundsätze zu Bürgerschaftlicher Mitverantwortung«, 2011.

einerseits, terroristischen Gegenangriffen Ausgeschlossener andererseits. Wir kommen nicht umhin, angesichts dessen die Grenzlinien schärfer zu ziehen.

Alle Beteiligungsformen, so viel Öffnung der Gesellschaft sie erzeugen mögen, sind offensichtlich nicht in der Lage, den Auftritt xenophober Massen zu verhindern. Zugleich waren sie für uns, die Verfechter zivilgesellschaftlicher Autonomie, stets zu wenig. Beides verweist auf die Doppeldeutigkeit aller Beteiligung, ob zugestanden oder ertrotzt: Beteiligung ist immer auch der nützliche Esel einer pragmatischen Auffächerung des Regierens, die sich schlicht aus der Summe der laufenden Machtverschiebungen ergibt: das, was in ruhigeren Zeiten von Politologie und politischer Soziologie als governance gefaßt wurde.[17] Statt Öffnung oder gar Brechung des Machtsystems zu sein, bindet Beteiligung letztlich in das umfassende Vertretungssystem ein und schließt das selbstbestimmte Ergebnis aus.

Beteiligung reicht nicht: Aber direkte Demokratie ist in Massengesellschaften zerstörerisch. Spiele mit der Option Direkte Demokratie auf Gesamtebene verbieten sich, solange man historische Erfahrung ernst zu nehmen bereit ist. Wo immer die Einzelnen, jenseits kleinster agrarischer Verbände, massenhaft als abstimmungsberechtigter Demos auftraten, als Volk, das sich, weil es das Volk ist, über Recht und Gesetz hinwegsetzen kann, war der Schritt zur Diktatur nicht weit.[18] Daran hat sich seit den Zeiten des

17 | Renate Mayntz, Governancetheorie: Erkenntnisinteresse und offene Fragen, in: Edgar Grande/Stefan May (Hg.), Perspektiven der Governance-Forschung, Baden-Baden 2009, 11.

18 | »Eine andere Form von Demokratie ist aber die, wo die Masse herrscht und nicht das Gesetz. Das gilt, sobald die Volksentscheidungen herrschen und nicht das Recht. Dann geschieht alles durch die Volksführer. [...] Denn das Volk wird Alleinherrscher, indem es einer ist aus Vielen zusammengesetzt. Die Vielen nämlich herrschen nicht als jeder Einzelne, sondern als Gesamtheit. [...] Ein solches Volk, sobald es allein herrscht, sucht auf eine Weise zu herrschen, daß es nicht durch das Gesetz beherrscht wird, und

attischen Demos nichts geändert. Voraussetzungslos politisch werdend, zum Demos, verklumpen sich die Einzelnen zu Verkörperungen kollektiver, aus den Tiefenschichten ihrer selbst aufsteigenden Leidenschaften, die sie als private weder kennen noch ausdrücken können, sei es der Enthusiasmus der Freiheit und großzügiger Öffnung, sei es die eingekapselte, aus generationenlanger Überlieferung von Versagungen kommende Zerstörungswut. Noch im kleinsten Rahmen, ob Bürgerinitiative oder digitaler Shitstorm, ist diese Ambivalenz der Selbstermächtigung wirksam.

Institutionell ungenügend gebrochene Mehrheiten, wie Aristoteles rät, fern der Agora an die Scholle zu binden,[19] ist natürlich schon lange keine realistische Option mehr. Wenn der ichpolitische Impuls einerseits zum Zuge kommen soll, andererseits im Zentrum zerstörerisch wäre, bleibt nur, da unverbindliche Beteiligungsangebote nichts nützen, die radikalere Lösung, Teile der Entscheidungsmenge aus dem Zentrum auf eine moderne Ebene politischer Peripherie zu verlagern. So daß der ichpolitische Anspruch, handelnd und mit den Folgen eigenen Handelns konfrontiert, sich selbst begrenzen könnte. Wenigstens an einer Stelle würde damit die Mauer zwischen Regierten und Regierenden eingerissen, die wechselseitige Überforderung kurzgeschlossen. Was wäre, wenn man zumindest dies den Einzelnen zutraute? Es sich und den anderen zuzutrauen ist die unausgeschöpfte Potenz der Demokratie.[20]

---

wird despotisch, so daß die Schmeichler in Ehren stehen, und so entspricht ein solches Volk unter den Alleinherrschaften der Tyrannis.« Aristoteles, Politik Buch IV, 1292a 4-18.

19 | Aristoteles, Politik Buch VI, 1319a. Dazu: Chantal Millon-Delsol, L'État subsidiaire. Ingérance et non-ingérance de l'État: le principe de subsidarité aux fondements de l'histoire européenne, Paris 1992, 18f.

20 | Thomas Meyer, Identitätspolitik. Vom Mißbrauch kultureller Unterschiede, 187-92.

2 Der EU-Prozeß

Die Einräumung von Feldern der Politik in erster Person innerhalb hochkomplexer Gesellschaftsverhältnisse und in Anwesenheit historisch einmaliger Machtkonzentrationen ist so voraussetzungsreich wie unwahrscheinlich. Angesichts dessen braucht jedwede Institutionalisierung von Basismacht eine um so stärkere Garantiemacht, für welche es zwingend oder immerhin nützlich ist, eine Ermächtigung der untersten Ebene zu fördern. Von vornherein ist klar, daß diejenige Macht, welche eine Basisermächtigung protegieren könnte, heute und in Zukunft nicht mit dem bestehenden nationalen Machtsystem identisch sein kann. Es hängt alles von einer historischen Konstellation ab, die das horizontale Verflechtungssystem seinerseits von oben unter Druck setzen kann und will. Es müssen Machtverschiebungen auf oberster Ebene kommen, damit auf unterster Ebene Räume der Selbstregierung freigegeben werden.

Entnationalisierung

Daß die Durchsetzung der parlamentarischen Demokratie in Europa historisch eng mit dem Prozeß der Nationwerdung verknüpft war, gehört zu den Selbstverständlichkeiten politischen Wissens. Diese Verknüpfung lockert sich unter unseren Augen. Kein europäischer Nationalstaat ist mehr allein entscheidungsfähig. Der Nationalstaat war so lange souverän, wie er sich militärisch behaupten konnte: In Europa ist an eine bloß nationale Verteidigung, angesichts der Verflechtung auf NATO-Ebene und der atomaren Hegemonie der USA, nicht zu denken.[1] Zu einer autonomen Außen- und Wirtschaftspolitik sind die alten Nationalstaaten Europas kaum fähiger. Der Nationalstaat ist überhaupt zu eng geworden. Wanderungsbewegungen, wirtschaftliche Verflechtung, globale Finanzströme, internationale Rechtssetzungen durchlöchern die Grenzen, in alle größeren politischen Entscheidungen greifen internationale Verflechtungen, Bündnisse, Abkommen, globale Interessenorganisationen und Kontrollmächte ein.[2]

Aber nicht nur die Entscheidungsstrukturen haben sich globalisiert. Die andere Seite ist, daß dies auch für die national relevanten Politikgegenstände gilt. Sie werden einerseits entlang wirtschaftlicher wie sozialer, rechtlicher, sicherheitstechnischer Anpassungszwänge internationalisiert, andererseits durch globale Probleme, ob Klimawandel und Ökosysteme, Kapitalnomadismus und Armutsmigration, Terrorismus, Korruption, Epidemien usw., deklassiert, ja provinzialisiert. Der Nationalstaat ist ein schwaches Mittleres geworden zwischen erforderlicher supranationaler Entscheidungsmacht und Beweglichkeit der Geldströme und Individuen.

Dies löscht nationale Verantwortlichkeiten nicht aus. Aber man kann förmlich zusehen, wie sich Entscheidungszentren wie Entscheidungsspielräume aus ihren nationalen Einbettungen entfernen. An die Stelle nationaler, parlamentarisch kontrollierter Entscheidungen treten, weitgehend geheim, Verhandlungen zwischen Regierungen, die unter dem Druck stehen, zwar nationale Anliegen zu berücksichtigen, doch zugleich Handelskriege oder Sanktionen zu vermeiden. Keine nationale Regierung ist irgendwo noch allein und darf es, zwingend in Bündnisse und Verhandlungskörper eingebunden, bei aller Wahrung nationaler Interessen nicht zum Bruch des jeweiligen Clubs kommen lassen. Neben die nationalen Verfassungen treten gemeinsame Vertragsregeln, die allein dank

1 | Egon Bahr, Deutsche Interessen. Streitschrift zu Macht, Sicherheit, Außenpolitik, München 1998.

2 | David Held, Soziale Demokratie im globalen Zeitalter, Frankfurt a.M. 2004, 121-39.

ihrer wechselseitigen Verbindlichkeit die Rechtsstaatlichkeit des durch sie autorisierten supranationalen Handelns gewährleisten. Spätestens seit den neunziger Jahren gibt es zudem die offene Modellkonkurrenz zwischen Staaten und Unternehmen. Die Konkurrenz geht, heißt das, immer schon über die jeweilige Konfrontation zwischen einzelnen globalen Spielern und einzelnen Nationalstaaten hinaus, sie ist Konkurrenz um das bessere Steuerungssystem,[3] ja, um den Kern der Demokratie, die Kompetenz zu Rechtssetzung.

Da liegt die Schwierigkeit, den Staat so wirksam gegen Wirtschaftsmacht in Stellung zu bringen, wie das historisch immer neu der Fall war.[4] Dem steht schon die vertikale Aufspaltung staatlicher Macht entgegen, insofern die Wirtschaftsnationen einen gewichtigen Teil ihrer eigenen wirtschaftspolitischen Aggressivität in internationale Agenturen verlegt haben. Es wird ja nicht nur von außen in die Wirtschafts- und Sozialpolitik der Staaten hineinregiert. Umgekehrt werden Probleme, die einzelstaatlich nicht mehr lösbar sind, bewußt nach außen verwiesen.[5] Gleichzeitig haben sich, in unterschiedlicher Weise und Schärfe der Anpassung an die Leitmacht USA, die europäischen Staaten auf das Modell marktförmiger Steuerung genuin politischer Instrumente geöffnet, so in Verwaltungsreform, Sozial- und Kulturpolitik. Das System staatlich-hierarchischer Steuerung zweifelt an seiner eigenen Kompetenz und Zukunftstauglichkeit.

Vor allem ist der Nationalstaat zu eng geworden, um diejenige Aufgabe zu erfüllen, für die er erstlich und letztlich da ist: den

3 | Colin Crouch, Postdemokratie, Frankfurt a.M. a.M. 2008, 55-63.

4 | Karl Polanyi, The Great Transformation (1944), 1977, 4. Aufl. Frankfurt a.M. 1997, 59-71.

5 | Michael Zürn, Regieren jenseits des Nationalstaates. Globalisierung und Denationalisierung als Chance, 2. Aufl. Frankfurt a.M. 2005. – Wenn z.B. Brüssel von der Bundesrepublik die Einführung einer umfassenden Vorratsdatenspeicherung verlangte, so kehrte damit nur ein bundesdeutscher Plan zurück, den man vor Jahren, weil innenpolitisch nicht durchsetzbar, dorthin verlagerte.

Schutz seiner Bürger. Dies nicht nur militärisch, sondern selbst als Sozialstaat. Im zusammenwachsenden Europa sind nationalstaatliche Inseln allein schon der geöffneten Grenzen wegen nicht mehr haltbar. Wachsenden Steuereinnahmen in einem Land entsprechen wegbrechende Einnahmen in anderen, weltwirtschaftliche Verflechtungen lösen Arbeitsmigrationen aus, ohne daß der Nationalstaat darauf Zugriff hätte, nationale Geld- und Versicherungssysteme sind durchlässig für alle Verwerfungen im globalen Finanzsystem.[6] Die Folge wird längerfristig ein Hinübergleiten nationaler Solidarsysteme in ein europäisches sein. Globalisierung macht einerseits mehr Demokratie erforderlich, um demokratisch bewältigt zu werden, andererseits drängt die Aufeinanderfolge von politischen wie Wirtschafts- und Finanzkrisen, indem sie die Entscheidungsschwäche nationaler Demokratien bloßlegt, auf Verlagerung nationaler demokratischer Kontrollen zugunsten internationaler Verläßlichkeit und rascher Entscheidung.

Warum Europa

Wenn ein Verfahren (eine Regel, ein Gesetz) nicht mehr zutrifft, kann man es entweder nach unten auflösen: Einzelentscheidung, oder nach oben: Verallgemeinerung – größerer Umfang, gesteigerte Eindeutigkeit, erweiterte Auslegungsmöglichkeiten. Im Falle der Europäischen Union gibt es zwar keinen wirklichen Plan, eher nur den stummen Zwang der Verhältnisse. Die EU wird noch. Es ist einfach, auf das zu verweisen, was fehlt: eine eigene politische Handlungsvollmacht des Kommissionspräsidenten, eine gemeinsame

6 | »Die große Zukunftsschwäche des sozialen Sicherungs- und Ausgleichssystems liegt in seiner nationalstaatlichen Begrenzung. Die Marktwirtschaft hat diese Grenze längst überschritten. Ihr Schicksal ist an die Bewegungen der Weltwirtschaft gebunden. Der Sozialstaat dagegen bleibt streng nationalisiert.« Rüdiger Altmann, Das Recht auf Abhängigkeit (1989), in: ders., Abschied vom Staat. Politische Essays, Frankfurt a.M. 1998, 151.

Außenpolitik, eine der Währungseinheit entsprechende gemeinsame Wirtschafts- und Finanzpolitik, eine aus der NATO ausgekoppelte europäische militärische Organisation. Das alles wird noch so viel Zeit brauchen wie Versäumnisse anhäufen.

Kann man also überhaupt auf die EU bauen? Man muß. Ein Szenario der effektiven Aufspaltung nationalstaatlicher Macht zugunsten europäischer Gesamtverantwortung einerseits, einer neuen untersten Selbstregierungsebene andererseits, hat keinen anderen konkreten Ansprechpartner als die EU. Man mag noch so hingebungsvoll über das Demokratiedefizit der EU reden – sie ist nicht nur das notwendige Korrelat nationalstaatlichen Machtverlusts, sondern auch der einzige denkbare Türöffner jeder Freistellung auf unterster Ebene.

Damit sie diese doppelte Leistung erbringen kann, sollte die EU auch nicht nach dem Muster Repräsentativer Demokratie organisiert sein. Ihr formales Demokratiedefizit: der Umstand, daß sie gerade nicht das nationalstaatliche Modell wiederholt, dürfte die realistische Chance sein, daß sich nationale Machtverhältnisse lockern und umbilden können. Und dies zugunsten eines entscheidenden Demokratiezuwachses auf unterster Ebene – die EU als kongeniale Garantiemacht des Lokalen.

Die EU-Dynamik

Dem Folgenden fehlt die interne Brüssel-Erfahrung: Es ist der Blick eines Gemeineuropäers auf ein historisch relativ neuartiges politisches und institutionelles Phänomen. Die EU ist nicht, sie wird. Ihr Stellenwert verändert sich von Jahr zu Jahr, und wer ihre Geschichte in seiner eigenen Lebenszeit verfolgen konnte, staunt im Rückblick und hütet sich, ein Endstadium vorherzusagen.

Das entscheidende Argument gegen die EU ist die anscheinende Schwäche der Konstruktion: Ihr vermittelnder Status zwischen globaler und nationaler Ebene lädt zur Polemik geradezu ein.[7] Im herkömmlichen Sinne regiert die EU gar nicht, sondern betreibt fortlaufende Mediation: So einsehbar die Notwendigkeit sein mag, gemeinsam aufzutreten, so unterschiedlich sind die nationalen Interessen. Je weiter die Integration voranschreitet, desto stärker regt sich der nationale Narzißmus. Es kann eigentlich nicht funktionieren. Dennoch, trotz lästiger Verzögerungen und Halbheiten, funktioniert es. Von Wirtschaftslobbies umlagert, ist die EU dem Druck der Vormacht USA, globaler Unternehmen, dem Protektionismus Chinas ausgesetzt, gleichzeitig überall den nationalen Egoismen der stärkeren Mitgliedstaaten ausgeliefert, ohne dem gleichwertige Machtstrukturen entgegensetzen zu können. Das erforderliche Minimum an Verbindlichkeit erreicht sie meist nur über das Interesse ihrer Mitglieder daran, daß der Club selbst nicht gesprengt wird.

Dem ist, übersieht man die Jahrzehnte, jedoch eine zweite Reihe von Feststellungen an die Seite zu stellen. So wurde die EU bisher zumindest gegenüber den Mitgliedstaaten umso funktionsfähiger, wie ihr von Fall zu Fall ein relativer Interessenausgleich zwischen den höchst ungleich gestellten Mitgliedern gelang. Bei aller neoliberalen Öffnungsrhetorik hat sie in spektakulären Streitfällen gegen globale Zugriffe Front gemacht, und sie hat bei aller außenpolitischen Schwäche international einige moralische Autorität aufgebaut: nicht nur machtpolitisch laviert, sondern normativ gewirkt. Man darf vermuten, daß sie das aus einem Grunde schafft, der mit der erscheinenden Schwäche der Konstruktion unmittelbar zusammenhängt: der historischen Kuriosität ihres institutionellen Aufbaus.

Das Spektakel der Schwäche hat man gut sichtbar an der Spitze: im Europäischen Rat, dem Gremium der von Fall zu Fall tagenden Staatschefs. Der Rat ist die Entscheidungsinstanz, und die EU ist dank ihm weitgehend entscheidungsunfähig. Die Kommission kann Lösungen vorschlagen und vorverhandeln, ist jedoch abhän-

7 | Michael Mönninger, Europapanik – die Politik der dummen Kerls, in: Merkur H. 639/2002, 577-88.

gig davon, daß die Regierungen sich einigen. In Grundsatzfragen verhindert das schon der Umstand, daß ein so starkes Mitglied wie England nur dabei ist, um den Weg zur politischen Union zu blockieren, während die nach 1989 beigetretenen osteuropäischen Staaten gerade erst dabei sind, sich als Nationen zu festigen. Doch auch Deutschland oder Frankreich, deren Zusammengehen bisher dafür sorgt, daß überhaupt Kompromisse zustande kommen, blockieren, ob Außen-, Finanz-, Landwirtschafts-, Umweltpolitik, sobald eigene Interesse gefährdet sind. Andererseits wächst von Jahr zu Jahr der weltpolitische Druck, Nichthandeln erzeugt nicht nur international Schwäche, sondern auch für alle Beteiligten Kosten. Es ist also allein der Zwang der Verhältnisse, der vorantreibt. Angesichts dessen ist das demokratische Defizit des Rates, daß, vergleichbar dem deutschen Bundesrat, die Landesfürsten unter sich sind und, sobald in Brüssel angekommen, kein Parlament, keine Parteifraktion, keine Verbandschefs neben sich sitzen haben, die Bedingung dafür, daß es überhaupt zu Entscheidungen kommt, dank dieses kleinen vorparlamentarischen Spielraums von Fall zu Fall auch zu einer über die nationalen Einzelinteressen hinausgehenden Dynamik der Gemeinsamkeit.

Daß unterhalb dessen gleichwohl die strukturelle Vergemeinschaftung zunimmt, dafür sorgt das stabile Zentrum der EU, die Kommission. Sie konzipiert und schlägt vor und nutzt damit den Vorsprung, den Ministerien gegenüber den entscheidenden Politikern haben. Dank ihrer Kompetenz als internationalisierter Verwaltungsapparat baut sie kontinuierlich eigene Macht auf: In der feinteiligen Verordnungsproduktion, über Rechtssetzung, findet der eigentliche nationale Machtverlust statt. Es gibt keine Opposition, gegen die man sich wehren muß, alle Energie geht in die Einbindung der Mitgliedsländer und die Abwehr nationaler Alleingänge. Mit Erfolg: Die Regierungen gehen, die Kommission bleibt und entwickelt ihre den nationalen Regierungen überlegene Stabilität. Die nationengebundene, alle Mitgliedsländer bedienenden Besetzung der Kommissariate ist dafür kein Hindernis. Zum einen haben die Kommissare gegenüber der kontinuierlichen Arbeit ihrer Departments kaum Bewegungsraum, zum anderen entfernen sie sich, je erfolgreicher sie sind, umso weiter von ihren nationalen Bindungen. Das gilt erst recht für die ständigen Beamten: Es ist historische Erfahrung, daß längerfristig Amtstreue den Vorrang gewinnt gegenüber Herkunftsloyalität.

Die Kommission scheitert also zwar immer erst einmal am Einspruch dieser oder jener Nationalregierung und den dahinter stehenden nationalen Parlamenten, Interessenvertretungen, manchmal auch Bevölkerungen. Aber sie kann warten. Gestützt auf die überlegene Kontinuität und Zielgewißheit ihrer so schlanken wie selbstbewußten Abteilungen, wird sie irgendwann ihren Willen durchsetzen. Sie ist ja gerade keine opake Superbehörde – der angebliche Brüsseler Wasserkopf hat in Wahrheit nicht mehr Beschäftigte als die Landesverwaltung von Nordrhein-Westfalen –, und sie ist eben auch ungleich transparenter als jede nationale Verwaltung – von allen Seiten der Intransparenz verdächtigt, kann die Kommission sich dies gar nicht leisten, vielmehr ist sie geradezu gezwungen, sich ständig zu veröffentlichen und zu erklären.

Insgesamt wiederholt die Kommission so auf supranationaler Ebene noch einmal das neuzeitliche Programm der Verstaatlichung: Angleichung von Chancen und Rechten, Angleichung der sozialen Normen und der Besteuerungsgrundlagen, Rechtseinheit, Einheitswährung, Freizügigkeit, Diskriminierungsverbot.

Das ist kaum anders als in der Übergangszeit zwischen aufgeklärtem Absolutismus und Bürgerlicher Republik, der europäischen Reformperiode etwa zwischen 1780 und 1820: Regierungen und Beamtenapparat waren damals noch nicht parteilich gebunden, sondern verstanden sich, insbesondere in Preußen, als der »allgemeine Stand«. Ihr Pathos bezog die Reform aus der Notwendigkeit der Zurückdrängung des Dynastischen zugunsten eines allgemeinen, vom Staat zu garantierenden Wohls.[8] Das war Aufklärungs-

8 | Rudolf Vierhaus, Liberalismus, Beamtenstand und konstitutionelles System, in: Wolfgang Schieder, Liberalismus in der Gesellschaft des deutschen Vormärz, Göttingen 1983, 44-46; Reinhart Koselleck, Preußen zwi-

ideologie, aber wirksam. Sollte man nicht auch der EU-Kommission ihr Maß an Liberalisierungsideologie zugestehen?

Als dritte Macht steht Rat und Kommission das Europaparlament kontrollierend gegenüber. Es ist die scheinbar unbestimmteste Größe der drei EU-Institutionen. Dieses Parlament entscheidet nicht – noch nicht –, es diskutiert Entscheidungen und öffnet sie damit nach innen wie nach außen. Die formalen Defizite der Repräsentation sind bekannt:[9] Inexistenz einer sprachlich integrierten europäischen Öffentlichkeit, Funktionalisierung der Europawahl seitens der Wähler zugunsten nationaler Animositäten, ungleiche Vertretung nationaler Wählermengen (hinter der Stimme eines maltesischen Abgeordneten steht bekanntlich nur ein Zehntel der Wählermenge eines französischen oder deutschen Abgeordneten). Diese Defizite sind jedoch, wenn konstruktionsbedingt, so weitgehend auch sinnvoll. Der Vergleich mit den Möglichkeiten nationaler Parlamente führt ohnehin in die Irre. Insbesondere das zentrale Gegenargument, daß dieses Parlament kein EU-Volk und keine einsprachige Öffentlichkeit hinter sich hat, ist sachfremd: Es wäre ja auf keine Weise zu beheben. Vor allem: Alle drei Defizite hindern das Parlament keineswegs, den EU-Prozeß voranzutreiben, Kommissionsvorhaben zu kontrollieren und in Vertretung der nationalen Parlamente tatsächlich Öffentlichkeit zu schaffen. Entscheidend ist, daß es sich, anders als beim deutschen Bundesrat, nicht um ein Parlament der Staaten handelt, sondern der europäischen Einzelnen.

Dem Parlament seine Schwäche vorzuwerfen, verkennt darüber hinaus die Zeitdimension – das Faktum, daß seine Macht kontinuierlich wächst, hat es sich doch von sporadischer Befragung zur Rol-

schen Reform und Revolution. Allgemeines Landrecht, Verwaltung und soziale Bewegung von 1791 bis 1848, München 1989, 90f.; Karl Otmar von Aretin, Bayerns Weg zum souveränen Staat. Landstände und konstitutionelle Monarchie. 1714-1818, München 1976, 113-119.

9 | Guido Tiemann/Oliver Treib/Andreas Wimmel, Die EU und ihre Bürger, Wien 2011, 142-147.

le eines Mitentscheiders vorangearbeitet. Selbst der Umstand, daß es von seinen Wählern zu wenig wahrgenommen wird, ist eher ein Hinweis auf die eigentümliche, der nationalen nicht vergleichbaren Funktion. Wenn der Einfluß des Parlaments tatsächlich wächst, dann ist daraus zu schließen, daß die Abgeordneten mehr sind als nationale Lobbyisten, und daß ihre räumliche Entfernung von den nationalen Mutterparteien, zumal in der Brechung von nationaler Bindung durch EU-parteiliche Gruppierung, nach und nach auch in europäischer Politik resultiert. Wie und wohin es geht, hat die Parlamentswahl von 2014 gezeigt, indem diese sich ungewollt zur faktischen, vertragsrechtlich noch gar nicht möglichen Direktwahl des Kommissionspräsidenten entwickelte – aus dem Präzedenzfall dürfte daraufhin der Regelfall werden.

Darf man überhaupt die EU als Konstante behandeln?

Gegenüber den scheinbaren Konstanten der neuzeitlichen politischen Theorie: Staat und Nation, scheint die EU noch immer ephemär. Man behandelt sie eher als Ereignis, behaftet noch dazu mit dem Verdacht des Mißlingens – als könnte die EU eines nahen Tages einfach von der Bildfläche verschwinden. Damit verstellt man sich jedoch den Blick auf die verfassungsrechtliche Eigenart der EU.

Nicht zufällig stellen sich für die Gesamtkonstruktion historische Erinnerungen ein. Legt man das Gewicht eher auf die akephale Leitungsstruktur der EU und die damit zwangsläufig verbundenen Umständlichkeiten und Verzögerungen, dann kann man schon in der Städtehanse des Spätmittelalters ein inspirierendes Modell erkennen:[10] Alle Widrigkeiten sind hier schon erkennbar: eine Zentrale, die nicht Staat und Regierung ist, sondern Vermittler – genossenschaftliche Bindung statt Herrschaft, Lübeck war nicht Ve-

10 | Angelo Pichieri, Die Hanse – Staat der Städte. Ein ökonomisches und politisches Modell der Städtevernetzung, Opladen 2000.

nedig; die Mühe, gemeinsames Handeln auf fremden Märkten oder in Gefahrenabwehr zu erreichen; der Egoismus der Mitgliedsstädte, welche die Vorteile nutzten, sich den Belastungen aber zu entziehen suchten; schließlich die Neigung starker Städte wie Köln und ihres Viertels zum Ausscheren, sobald es um das Englandgeschäft ging. Die erstaunliche Stabilität und Handlungsfähigkeit der Konstruktion hing schon damals sowohl an der grundsätzlichen Gemeinsamkeit der Interessen wie an einem Maß an Unterschiedlichkeit, das keinem Partialinteresse eine Mehrheit erlaubte.

Wie stabil eine so disparate Organisation wie die EU sein kann, zeigt aber auch das Beispiel des Heiligen Römischen Reiches deutscher Nation, das ähnlich vielsprachig und staatlich zersplittert (wobei selbst autonome Staaten über Teilgebiete auf Reichsterritorium Mitglieder waren), außerdem konfessionell gespalten war. Trotzdem imponiert am »Alten Reich« die Beständigkeit inmitten permanenter Kriege.[11] Die hierarchische Struktur war denkbar schwach, da der Kaiser, insofern er als Oberhaupt des Reiches und nicht als bewaffneter Teilstaat handelte, angesichts der stehenden Heere der größeren Mitgliedstaaten kein anderes Mittel hatte als zu verhandeln, um den Reichswillen durchzusetzen. Trotz der enormen Schwerfälligkeit der Institutionen wurde das Regelsystem des Reiches denn auch in gewissem Maße befolgt und kam es zu gemeinsamen militärischen Aktionen.[12]

Vor allem funktionierten unterhalb der politischen Auseinandersetzungen und Kriege die zivilen Institutionen des Reiches, so

11 | Montesquieu verweist im 9. Buch des Esprit des Lois, ch. II (in der Ausgabe von Victor Goldschmidt, Paris 1979, Bd. 1, 267) zu Recht auf die Schwierigkeit der Koexistenz von freien Reichsstädten und monarchischen Staaten, bewundert aber gleichwohl die Stabilität der Konstruktion: »Die föderative Republik Deutschlands, bestehend aus Fürsten und freien Städten, hat Bestand, weil sie ein Oberhaupt hat, das einerseits der Rat der Union ist, andererseits ihr Monarch.« (A.a.O.)

12 | Karl Otmar von Aretin, Das Reich. Friedensordnung und europäisches Gleichgewicht 1648-1806, Stuttgart 1986.

der »Immerwährende Reichstag«. Dank dessen hatten sogar einzelne Gruppen und Schichten das Bewußtsein, nicht einfach nur Untertan ihres jeweiligen Territorialherren zu sein. Insbesondere die erstaunliche Funktionsfähigkeit des Reichskammergerichts ist für den EU-Vergleich doppelt suggestiv: zum einen, weil es, darin vergleichbar dem Europäischen Gerichtshof, Ständen wie Einzelpersonen an den landesherrlichen Gerichten vorbei die Klagemöglichkeit vor dem obersten Reichsgericht bot, zum andern, weil es, wiederum vergleichbar der eminent politischen Rolle des Europäischen Gerichtshofs heute, zumindest in der Spätzeit des Alten Reichs eine aktive Rolle bei der Modernisierung und Vereinheitlichung der Rechtsbegriffe spielte.[13] Überhaupt verdankte das Reich seine unwahrscheinliche Kohärenz seiner Konstituierung als Rechtssystem. Das wurde schockhaft klar, als es, 1803/04, zerschlagen war:[14] Unvermittelt standen sich unabhängige Staaten gegenüber, die sich im gesamteuropäischen Spiel eines labilen Machtgleichgewichts zu behaupten hatten, in einem reinen Machtsystem.[15]

Die heutige EU ist demgegenüber zweifellos noch einmal ein neues, eigenes Modell. Mit der Hanse verbindet sie die Steuerungsmacht ohne Gewaltmittel, nur über Recht und Verhandlung, mit dem Alten Reich die Vielfalt der Sprachen und Kulturen, vor allem aber das Nebeneinander von starken und schwachen Staaten und

13 | Rita Sailer, Richterliches Selbstverständnis und juristische Ordnungsvorstellungen in der policeyrechtlichen Judikatur des Reichskammergerichts, in: Bernhard Diestelkamp (Hg.), Das Reichskammergericht am Ende des Alten Reiches und sein Fortwirken im 19. Jahrhundert, Köln/Wien/Weimar 2002, 1-41. Zur Funktionsfähigkeit: Karl Härter, Soziale Unruhen und Revolutionsabwehr: Auswirkungen der Französischen Revolution auf die Rechtsprechung des Reichskammergerichts, a.a.O., 47-49.

14 | Karl Otmar von Aretin, Vom Deutschen Reich zum Deutschen Bund (Deutsche Geschichte Bd. 7) 2. Aufl. Göttingen 1993.

15 | Friedrich Gentz, Fragmente aus der neuesten Geschichte des politischen Gleichgewichts in Europa, 2. Aufl. St. Petersburg 1806, facs. Nachdruck Osnabrück 1967.

die Rücksichtslosigkeit, mit welcher die starken ihre Interessen verfolgen. Das Eigene und Neue ist dabei unübersehbar dies: Die EU ist nie fertig. So dauerhaft die Unterschiedlichkeit der Nationalstaaten und nationalen Kulturen sie in Bewegung halten wird, so unvermeidlich kann und wird sie sich weiter entwickeln. Die EU wird auch die derzeitige deutsche Wirtschaftshegemonie überstehen. Sie kann in der Tat nicht anders als sich, mit welchen Stockungen auch immer, von schwächeren zu stärkeren Verbindlichkeiten wie Ausgleichsnötigungen voranzuarbeiten. Ohne Bezug auf sie ist schon heute von Staaten und Nationen in Europa nicht mehr zu reden.

Für die praktische Unumkehrbarkeit gibt es Gründe genug, nicht nur wirtschaftliche und politische. Bei welcher Struktur auch immer man ankommen wird, es wird kein Superstaat sein – es gibt kein Europa-Volk und wird nie eines geben –, sondern einen Verbund, der die existierenden Staaten und Nationen einbegreift, statt sie aufzulösen. Man muß sich also an den Gedanken gewöhnen, daß die verstörende Zerstrittenheit der Mitglieder ebenso Teil der Sache ist und bleibt wie die Sprachenvielfalt und die Unterschiedlichkeiten der nationalen Charaktere und Kulturen – und wie diese eher Stärke als Schwäche bedeutet. Ebenso ist die faktische Spaltung der EU in Euro-Staaten und andere, nicht anders als in anderen politischen Organisationen, ein Reifezeichen, keines des nahen Untergangs.

Verglichen mit ihren Mitgliedstaaten, hat die Konstruktion der EU ihren strukturellen Vorteil nicht zuletzt innerhalb der Modellkonkurrenz zwischen Unternehmen und Staat. Was vom historisch gewordenen starken Staat der europäischen Geschichte her gesehen als Schwäche erscheint, ist, am Organisationsmodell des globalen Unternehmens gemessen, umgekehrt größere Wettbewerbsfähigkeit: viele Zentren mit einem großen Restbestand an nationaler Autonomie; keine frontal angreifbare Spitze; ein hohes Maß an Vieldeutigkeit dank langwidriger nationaler und zwischennationaler Abstimmungsprozesse; wechselnde Allianzen in Teilfragen, die es erlauben, den allseitigen Konsens aufzuschieben, ohne handlungsunfähig zu sein: Kurzum, alles das, was im Verhältnis zu den USA und China wie gegenüber Hedge Fonds, Öl- und Agrarmultis als flagrante Schwäche erscheint, ist, gemessen am Strukturmodell des flexiblen multinationalen Unternehmens, in Wahrheit und langfristig gesehen eine Stärke, die den Niedergang des Staates, das also, was das neoliberale Strategem den Staaten androht, bereits hinter sich hat.

Das Argument des Demokratieverlustes

Gemessen am Modell nationaler Repräsentativdemokratie hat die EU in der Tat ein Defizit: Diejenigen, die Politik formulieren bzw. entscheiden, sind nicht gewählt, das Parlament, das von den europäischen Bürger gewählt wird, kann nicht entscheiden. Damit entsteht eine doppelt offene Flanke, die von rechten wie linken Europa-Gegnern entsprechend ausgebeutet wird. Schon das zeigt, daß in wohl keinem Klagefall zwischen formaldemokratischem Einwand und jeweiligen Interessen zu trennen ist, auf der Linken die EU als Zielscheibe von Kapitalismuskritik, von rechts als Synonym für die Überfremdung der Nation. Wie ja auch im parteipolitischen Mittelfeld Kommissionsentscheidungen je nach Interessenlage begrüßt oder als Angriff auf die nationale Demokratie beklagt werden. So oder so wird das formaldemokratische Argument der Aushebelung der Entscheidungsbefugnis des nationalen Parlaments populistisch bzw. parteitaktisch funktionalisiert.

Was den Vorwurf aber in einem weit grundsätzlicheren Sinne zweideutig macht, ist der Umstand, daß das nationale Verfahren selber, aus Gründen unvermeidlicher Anpassung an veränderte historische Bedingungen, strengem legalistischen Verständnis nicht genügt. Ursache ist die faktische Entformalisierung und Pluralisierung der nationalen Entscheidungssysteme. Also jene Verklammerung von demokratischen Verfahren und umfassender horizontaler Interessenorganisation, die der Grund für die erstaunliche, so deutlich von den Umbrüchen der ersten Hälfte des 20. Jahrhunderts abstechende Stabilität der Nachkriegsdemokratien ist. Es ist diese hinzugekommene Horizontalität des Interessenabgleichs, was die Parlamente systemisch marginalisiert hat, ohne daß dies grundsätzlich als illegitim empfunden würde. Mit Recht: Legitimität ist in einem Staat ohne Gott und Monarchie ein Produkt des mehrheitlichen Zutrauens, ergibt sich daher eher aus zureichend moralischer Leistung als aus legaler Korrektheit. Legitim ist dasjenige institutionelle Handeln, das imstande ist, den gesellschaftlichen Interessenpluralismus so weit zu bändigen, daß es weder zu Selbstzerstörung noch zu einseitiger Belastung der Schwächeren kommt.[16]

Der Gewinn einer umfassenden Interessenbeteiligung wird allerdings nicht nur mit einer erheblichen Undurchsichtigkeit der Entscheidungswege bezahlt, sondern sprengt letztlich die durch Wahlen legitimierte Entscheidungsfunktion selbst. Eben das also, was der reinen Lehre nach die Raison repräsentativer Demokratie ausmacht:[17] War parlamentarisch legitimierte Entscheidungsfähigkeit doch stets das entscheidende Argument für die Eingrenzung der Mitwirkung der Vielen auf das Wahlrecht. Eine faktische Delegitimierung des Regierungshandelns ergibt sich daraus offensichtlich nicht: Das Übergewicht wirtschaftlicher Interessendurchsetzung wäre, angesichts korrigierender vertikaler Vertretung über Wahlen und Parteiendelegation, gar nicht möglich, könnte sich

16 | Robert A. Dahl, Vorstufen zur Demokratie-Theorie, Tübingen 1976, 59-78.

17 | Die reine Lehre besagt: »Das Wesen des demokratischen Systems besteht demnach nicht in der Beteiligung der Massen an politischen Entscheidungen, sondern darin, politisch verantwortliche Entscheidungen zu treffen. Das einzige Kriterium für den demokratischen Charakter einer Verwaltung ist die volle politische Verantwortlichkeit der Verwaltungsspitze, und zwar nicht gegenüber Einzelinteressen, sondern gegenüber den Wählern insgesamt. [...] Repräsentation ist nicht Stellvertretung, der Repräsentant nicht Stellvertreter, der fremde Rechte und Interessen wahrnimmt; er handelt aus eigenem Recht, wenn auch im Interesse eines anderen (der Nation).« Franz Neumann, Zum Begriff der politischen Freiheit, in: ders., Demokratischer und autoritärer Staat. Zur Soziologie der Politik, Frankfurt a.M. 1967, 108.

der offene oder verdeckte Wirtschaftslobbyismus nicht auf eine informelle Mehrheitszustimmung stützen: Wirtschaftlich sitzen die Staatsbürger – es geht um Arbeitsplätze – scheinbar alle im selben Boot, dafür verzichtet man, vom individuellen moralischen Protest abgesehen, auf demokratischen Zugriff. Die Durchsetzungsfähigkeit des Regierungshandelns beruht in der politischen Kernfrage – der demokratisch offenbar nicht aufzulösenden Verklammerung von Demokratie und Kapitalismus – letztlich auf der immanenten Drohung, man verliere sonst in der Wirtschaftskonkurrenz der Nationen.

Die gesamte Defizitargumentation beruht also auf der Fiktion des geschlossenen Nationalstaats. Nur so kann sie ignorieren, daß eine Gemeinschaft von Nationen einen neuen Typus darstellt, der die ihm gemäßen Formen von Demokratie erfordert.[18] Umgekehrt produziert der formaldemokratisch getragene Wirtschaftsegoismus der Nationen auf Gemeinschaftsebene ein neues und tatsächliches Demokratiedefizit, wenn es der EU nicht gelingt, nationale Prioritäten so zu vermitteln, wie das auf nationalstaatlicher Ebene der Fall ist. Das Gemeinschaftsregime einmal anerkannt, ist es undemokratisch, wenn die Interessen der einen Nation, so demokratisch sie intern abgestimmt sein mögen, die Interessen einer anderen Nation verletzen.[19] Dies gilt so gut für die Zerstörungsmacht der deutschen Wirtschaftshegemonie im EU-Raum wie für die französische Insistenz auf sinnwidrigen Agrarsubventionen, die einst das Eintrittsgeld für die Gründung waren, es gilt im Kleinen noch für regionale Ärgernisse wie die Platzierung von Atomkraftwerken an

18 | Michael Zürn, Regieren jenseits des Nationalstaates, 233-45.

19 | »Kann es aber als demokratisch angesehen werden, wenn ein britisches Umweltgesetz als Folge eines perfekt-demokratischen Prozesses, an dem alle Briten bestens informiert teilhaben konnten, nicht zustande kommt, und in der Folge die schwedischen Seen weiter der Übersäuerung anheimfallen, so daß die Fische sterben und schwedische Fischer arbeitslos werden?«, ebd. 26.

nachbarlichen Grenzen oder die Verschiebung von Flugrouten auf das Nachbarland.

Eine funktionsfähige EU wäre eine, deren Entscheidungszentrum stark genug ist, um Widerstände einzelner Staaten gegen Maßnahmen, die sich im Prozeß zwischen Kommission, Parlament und Rat mehrheitlich als richtig bzw. notwendig herausstellen, am Ende auch übergehen zu können. Das ist in Außen- wie Wirtschafts- und Finanzpolitik gleich evident. Es muß, um legitimatorisch tragfähig zu sein, aber auch für Verantwortlichkeiten gelten, die nicht schon durch das politische Primärinteresse an Sicherheit, Wachstum und Stabilität gedeckt sind, sondern zugunsten zukünftiger Lebensfähigkeit einen größeren Bogen zu schlagen haben. Eine entscheidende Frage an die Zukunftsfähigkeit der Demokratie ist heute, ob man unter Demokratiebedingungen fähig ist, die Zerstörung der Welt aufzuhalten. Die EU braucht, angesichts ihrer wirtschaftlichen Verwicklung in die Verwüstung ganzer Staaten und Umwelten außerhalb ihrer Grenzen, schon deshalb eine größere Entfernung von nationalen oder regionalen Interessen. Wenn sich, z.B., keine nationale Regierung traut, der eigenen Landwirtschaft Zügel anzulegen, um die Folgeschäden europäischer Überproduktion in Afrika oder Südamerika zu mindern, dann ist der zentralere Ort gefragt, der es sich leisten kann, Zukunftssicherung höher zu bewerten als aktuelle Wachstumsoptimierung.

Von der EU zu den Einzelnen

Wie jeder erfolgreiche Nationalstaat, hat allerdings auch die EU erst noch zu lernen, wie sie ihre zukünftige Basis, die faktischen Einzelnen, ausreichend bindet. Die wiederholt negativ endenden nationalen Referenden schärfen ihr das im Grunde bereits heute ein. Die »Unionsbürgerschaft« des Vertrags von Maastricht ist schwach: Unionsbürger ist man nur kraft nationaler Staatszugehörigkeit – Bürgerschaft ohne eigene Wurzeln. Wen wundert es, daß sie von

Referendum zu Referendum auch immer neu widerrufen wird. Allein formal schon ist stärkere Bindung nötig.

Entscheidend aber ist, ob der EU die emotionale Bindung ihrer Bürger gelingt. Wie starke Bindung entsteht, sagt einem die historische Erfahrung. Demnach gibt es kein stärkeres Motiv als gemeinsam vollzogene historische Fortschritte. So hat sich Frankreich halb über den Hundertjährigen Krieg, vollends aber erst über die Revolution von 1789 als Nation zusammengefunden. Das ferne Ostpreußen wurde im 16. Jahrhundert deutsch durch die Erfahrung der Reformation, das Elsaß französisch durch die der Französischen Revolution. Zahlreicher allerdings sind die schwierigen Fälle und die des Scheiterns. Im Fall der späten Einigungen von Deutschland und Italien ging der Prozeß der Loyalitätsübertragung von den Kleinstaaten auf die Nation trotz sprachlicher und weitgehender kultureller Einheit und obwohl unter massivem Einigungsdruck, nur unter Problemen vor sich, in Italien sind die Wunden bis heute nicht geheilt. Im Falle Jugoslavien ist der Prozeß vollends gescheitert, weil trotz durchgesetzter staatlicher Einheit das grundlegende Zutrauen der betroffenen Bevölkerungen fehlte, die kulturellen Unterschiede und ererbten Feindschaften zu stark, die Kräfte der Einigung ohne ausreichende bürgerliche Trägerschichten und rechtsstaatliche Garantien zu schwach waren.

Daß die Einigungsebenen Staat und Nation historisch auswachsen werden, ist, wenn irgendetwas, die Chance europäischer Bindung. Die Auswanderung der Individuen aus den historischen Gehäusen ist allerdings ein säkularer Prozeß, der vorrangig Verunsicherung schafft und nicht zwangsläufig in einen Hafen Europa münden muß. Es ist nur logisch, daß die EU, je mehr sie Körper und Profil gewinnt und sich von einem technokratischen zu einem politischen Projekt fortentwickelt, umso mehr die Unzufriedenheiten der nationalen Einzelnen auf sich zieht, ob europafeindliche Parteien von links und rechts oder diejenigen national verunsicherten Referendumsmehrheiten. Wie bindet man sie?

Vermutlich nur über eine einschneidende Schutzerfahrung. Die EU wird hoffentlich nie in die Lage kommen, sich in einem weiteren

Weltkrieg, was sicherlich der effektivste Weg wäre, als Schutzdach der Europäer beweisen zu müssen. Aber hat sie nicht die Chance, sich glaubhaft als Garantiemacht langfristiger Überlebensinteressen zu profilieren, wo die nationalen Egoismen versagen? Gerade weil die Bürger, als Individuen, selber gespalten sind und ihre wirtschaftlichen Interessen durchaus nach wie vor zuerst der nationalen Politik auftragen, also stets auch Teil des jeweiligen nationalen Vetos sind, ist das der Kern der Vertrauenskrise. Zustimmung wird aus wirtschaftspolitischem Opportunismus nicht erwachsen. Warum soll man sich einem Europa anvertrauen, von dem man nicht sicher ist, ob es einen verteidigt oder nicht eher globalen Zugriffen ausliefert?

Wie dem historischen Nationalstaat, wird der EU aber auch der Kampf um die Freistellung der Einzelnen nicht erspart werden. Die Herstellung arbeitsrechtlicher Freizügigkeit über nationale Grenzen hinweg war hier ein entscheidender Schritt. Entwicklungsfähig ist dagegen die individuelle Zugänglichkeit, die vorhandenen Pfade[20] überfordern durch Distanz und Aufwand, gerade auch der zentrale Punkt, daß Einzelpersonen, soweit EU-Recht im Spiele ist, möglich ist, vor den Europäischen Gerichtshof zu ziehen. Letzteres baut, in Ländern mit selbstbezüglicher Bürokratisierung und sozialer Abschottung der Eliten wie Italien oder Spanien, seit längerem Erwartungen auf, ohne daß diese tatsächlich erfüllt werden können. Im Zweifelsfall wandern die Unzufriedenen, von der gewonnenen Freizügigkeit Gebrauch machend, in Länder größerer sozialer Durchlässigkeit und besserer wirtschaftlicher Chancen aus.

Bislang betreibt die EU als Ausgleich ihres technokratischen Universalismus nur ein halbherziges Bündeln mit diversen Regionalismen. Das ist doppelt zu wenig. Zum einen hält die EU zu den radikalen regionalen Unabhängigkeitsbewegungen wohlweislich Abstand – eine Förderung des Separatismus würde den schwierigen Kompromiß zwischen EU-Zentralität und nationalen Regierungen

20 | So etwa den Bürgerbeauftragten der EU und den EU-Datenschutzbeauftragten.

aushebeln. Die Kommission versucht deshalb, zwischen kulturellem und politischem Regionalismus zu trennen: Sprachvielfalt ja, bis zur Unsinnigkeit – z.B. Sonderstatus für den südkatalanischen Dialekt »Valencian« –, politische Unabhängigkeit – Basken, Katalanen, Korsen, Flamen, Serben – nein. Das ist eine Sackgasse. Die EU müßte gerade an den nach Unabhängigkeit strebenden Regionen erkennen, daß für sie nur durch ein drittes Ziel etwas zu gewinnen ist: die Verankerung von Autonomie und kultureller Identität auf unterster, lokaler Ebene, da, wo sie auch in den bosnischen Dörfern ankommen würde.

Dafür ist Regionalismus überhaupt die falsche Zugriffsebene. Die Regionalpolitik der EU verfehlt das Ziel meist schon im Ansatz, kooperiert sie dabei doch zwangsläufig mit gegebenen lokalen Verwaltungsstrukturen, die sich kaum anders als die nationalstaatlichen trennend zwischen sie und ihre Bürger schieben.[21] Daß generell die Zielgenauigkeit fehlt, zeigt sich gerade dort, wo die EU Politik über Geldzuweisungen macht, ob strukturschwache Gebiete oder EU-Regionen. Geld stärkt nur die Zwischenebenen und fließt in immer dieselben Kanäle lokaler Förderspezialisten.[22] Der Weg regionaler Klientelbildung führt in die Irre: Die EU ist vielmehr auf die wirklichen Europäer angewiesen.

21 | Erst recht vertritt der Ausschuß der Regionen, ein Ergebnis des Vertrags von Maastricht, nur ausgewählte kommunale Eliten, baut also auf Strukturen auf, die ihrerseits kein vitales Interesse an lokaler Machtabgabe haben. Entsprechend wird unter dem Titel ›Kommunale Selbstverwaltung nach Osteuropa‹ nicht etwa lokale Mikropolitik exportiert, die die bedrängten Einzelnen stützen würde, sondern abstraktes verbandliches Selbstverwaltungspathos.

22 | Dies selbst dann, wenn die Kommission die Mittelvergabe dezidiert von Bürgerbeteiligung abhängig macht, wie das z.B. seit 2009 bei dem Programm zur ländlichen Entwicklung ›Leader+‹ der Fall ist.

Ein »Europa von unten«[23] bildet sich auch nicht spontan, gleichsam zivilgesellschaftlich. Praktisch macht die Parole nur Sinn, wenn man begreift, daß dieses Unten zuvor EU-rechtlich freigelegt werden müßte: organisiert, und mehr als das: institutionalisiert. Die Richtung ist im Verfassungsentwurf der EU durchaus vorgezeichnet, der Text darf es, soll er von allen Staaten ratifiziert werden, nur nicht so genau sagen. So gibt Artikel I-46 das obligatorische Bekenntnis zur repräsentativen Demokratie ab, während Artikel I-47 auf partizipative Demokratie verpflichtet.

Damit gerät der Vorwurf des Demokratiedefizits der EU in ein anderes Licht: Zwischen EU und Nationalstaaten stehen demnach nicht nur Machtfragen zur Diskussion, sondern auch unterschiedliche Demokratiekonzeptionen. Die EU braucht, anders als der historische Staat, die Einzelnen bislang weder als Steuerzahler noch als Soldaten. Sie braucht sie als fern von ihr freigestellte Individuen. Die Freistellung kann sie durchsetzen helfen, doch unmittelbar nicht selber ausbeuten – ihr Nutzen wäre, daß sie aufhört, Projektionsfläche lokaler Unzufriedenheiten zu sein. Statt also die Extreme von ganz oben und ganz unten durch immer mehr vermittelnde Verfahren in Beziehung zu setzen, liegt, so abschreckend groß der Maßstabssprung von der EU- zur Lokalebene erscheint, ihre Chance in einer von oben protegierten Konstruktionsaufgabe ganz unten.

Dazu wäre allerdings eine offene Parteilichkeit der EU für die Selbstorganisation ihrer Bürger nötig. Dahin drängen kann sie wohl nur das Europäische Parlament. Sachgründe gibt es genug. Es kann z.B. nicht im Interesse der EU sein, daß die aktivsten Bürger reformunfähiger Staaten ihr Land im Stich lassen. Mehr noch dürfte die außereuropäische Migration ein Anstoß werden: Migranten haben ja das Doppelproblem, sich mit unterschiedlichen nationalen Besonderheiten auseinandersetzen zu müssen und zugleich mit einer gemeineuropäischen Kultur der politischen, moralischen,

23 | http://manifest-europa.eu; ähnlich Robert Menasse, Europa Countdown, in: ders., Heimat ist die schönste Utopie. Reden (wir) über Europa, Berlin 2014, 147-157.

individualgeschichtlichen Selbstvergewisserung. Es liegt auf der Hand, daß der Aufbau von Identifikation für außereuropäische Einwanderer, die nicht herkommen, um Nationalgeschichte zu erben, erheblich leichter fällt, wenn sie einerseits lokal bestimmt ist, andererseits europäisch.

3 Lokaldemokratie

Es wird kein Europa von unten geben ohne ein neuartig institutionalisiertes »Unten«: innerhalb der einzelnen Staaten. Einmal mehr hängt die EU von nationalen Voraussetzungen ab, über denen das Dunkel der Zukunft liegt. Was könnte die nationale Politik zu einer solchen Freistellung ihrer Wähler bewegen? So berechtigt die Frage sein, und so vernichtend sie als Einwand scheinen mag: daß sich die »politische Klasse« dazu bereitfände, macht nur die eine Hälfte der Sache aus. Die Frage möglicher oder unmöglicher historischer Opportunität dürfte sich zu gleichen Teilen eben auch von unten her entscheiden. Wie immer aber man sich die Einräumung von Basisdemokratie vorstellen mag, in jedem Falle liefe es auf ein Institutionssicherung und Basisdruck vermittelndes Vertragsverhältnis hinaus. Was möglich ist, hängt also auch davon ab, was von unten als Leistung angeboten werden kann.

Es ist deshalb erst einmal derjenige Realisierungsweg aufzuzeigen, der weder in Utopie ausweicht, noch sich sonst in einer Ideallösung ergeht – das, was bloß sein soll aber nie sein kann. Ein Weg, der grundsätzlich innerhalb der politischen Wirklichkeit der europäischen Gesellschaften gangbar ist, der also mit den absehbaren Hindernissen und Widerständen seine Rechnung macht, der daher auch nur kompromißhaft sein kann und in Bewältigung alter Probleme zuverlässig neue mit sich bringen wird.

Warum lokal?

Die einfachste Antwort ist die: Anderes als lokale Freistellung ist in modernen hoch individualisierten Massengesellschaften gar nicht möglich. Nach der Seite des Gesamtsystems: Es ist unwahrscheinlich, daß jemals mehr als lokal begrenzte Autonomie zugestanden werden könnte oder dürfte. Weder ist der Verfassungsrahmen beliebig dehnbar, noch darf man die Toleranz nationaler Machteliten für Ansprüche weitergreifender Öffnung überschätzen. Nach der Seite der Einzelnen: Es ist nicht zu sehen, wie man sie anders als lokal ansprechen könnte. Die Gesamtmasse der Einzelnen ist nicht adressierbar, aber alle sind an irgendeinem Ort anwesend. Wenn auf irgendeinem Nenner die unabsehbaren Verschiedenheiten zu bündeln sind, dann über den lokaler Anwesenheit.

Nur auf Lokalebene ist auch eine beide Seiten betreffende Gratifikation denkbar. Was hätte der Staat davon, was andererseits die Einzelnen? Der für Staat und Politik mögliche Vorteil ist der der Entlastung, sowohl von kommunal bzw. lokal besser abzuarbeitenden Aufgaben wie vor allem von ungebundenen politischen Affekten. Das Angebot an die Einzelnen, das sie mit der Härte der Einräumungsbedingungen versöhnen sollte, ist die Möglichkeit, im begrenzten Rahmen verantwortlich nicht nur mitreden, sondern entscheiden zu können – eine Ebene institutionalisierter Ich-Politik, Politik in eigener Person.

Die Kehrseite der Entlastung des Gesamtsystems wäre die Einräumung tatsächlicher Macht. In der Logik des europäischen Demokratisierungsprozesses gedacht, bedeutet ein Mehr an Demokratie zwangsläufig weitergehende Machtteilung: Machtminderung der staatlichen Spitze, Machtzuwachs der Gesellschaft. Dieser kann nur begrenzt sein, daher nur lokal: Ist im nationalen System die Macht, die die Wähler ihren Repräsentanten übertragen, im Wesentlichen zeitlich begrenzt, durch die Möglichkeit der Abwahl, so ist eine Zuständigkeit aller ohne Schädigung zentraler Handlungsfähigkeit nur durch räumliche Begrenzung herzustellen.

Die Kehrseite lokaler Ermächtigung der Einzelnen wäre, daß niemand ausgeschlossen werden darf: daß das lokale System tatsächlich dem Gesamtsystem auch Lasten abnimmt. Die Wechselseitigkeit von lokaler Eingrenzung und sozialer Integration ist also nicht nur ein moralisches oder demokratietheoretisches Postulat – diejenige Minimalform von Gleichheit, die eine hochsegmentierte Gesellschaft überhaupt noch anbieten kann –, sondern der Preis, den die Einzelnen tatsächlich zu zahlen hätten. Eingrenzung und Integrationspflicht ergeben zusammen erst die Ausgangsbedingung lokaler Zuständigkeit und Selbstverantwortung. Ausschluß wie Selbstausschließung, ob nach oben oder nach unten, wären deshalb zu verhindern bzw. so weit wie möglich zu erschweren.

Entsprechend robust hätte die Konstruktion zu sein: Notwendigkeit umfänglicher Institutionalisierung von Verfahren, des Realismus verantwortlichen Verwaltens, des informierten Umgangs mit dem Wechselverhältnis zwischen Lasten und Kosten. Mithin eines Regelwerks, das die ewigen makropolitischen Schwierigkeiten des Entscheidens und Realisierens – begrenzte Finanzen, Interessenwidersprüche, Ungewißheit der besten Lösung – auf unterster Ebene zur Wirkung bringt.

Erforderlich wäre, erstens, ein handhabbarer, verwaltungsfähiger Rahmen; zweitens, formale Praktikabilität und begrenzter wie zugleich ausreichend zugreifender Umfang von Selbstverwaltungsaufgaben; drittens, eine komplexe Balance von Binnen- und gestufter Außenregulierung;[1] viertens eine um lokale öffentliche Arbeiten

---

1 | Soweit entsprechen diese Forderungen einigermaßen den Bedingungen, die Max Weber für die direkte Demokratie formuliert hat: »Diese Art der Verwaltung findet ihre normale Stätte in Verbänden, welche 1. lokal oder 2. der Zahl der Teilhaber nach eng begrenzt, ferner 3. der sozialen Lage der Teilnehmer nach wenig differenziert sind, und sie setzt ferner 4. relativ einfache und stabile Aufgaben und 5. trotzdem ein nicht ganz geringes Maß an Entwicklung von Schulung in der sachlichen Abwägung von Mitteln und Zwecken voraus.« Wirtschaft und Gesellschaft, hg. v. J. Winckelmann, 5. Aufl. Tübingen 1972, 546.

zentrierte lokale Ökonomie. Auf keiner dieser Ebenen kann es so einfache Lösungen geben, wie man sie, direktdemokratische Vergangenheiten vor Augen, wünschen mag. Die Komplexität der Umwelt muß sich unverkürzt im lokalen Biotop spiegeln, um anschlußfähig zu sein. Das nötige Ausmaß an Kompliziertheit ist aber nichts Abwegiges: Komplexe Konstruktionsleistungen – gelungene Künstlichkeiten – brachten schon die athenische Demokratie zuwege und begleiteten die gesamte Geschichte massenhafter Willensbildung. So dürfte es, beispielsweise, aller Erfahrung nach keine Abstimmungsgerechtigkeit geben ohne die Verknüpfung von mathematischer Abstraktion und konkreter Raumbildung.[2]

Die territoriale Begrenzung impliziert die in der Sache: begrenzte Zuständigkeiten – sowohl als Schutz des Gesamtsystems vor beschädigenden Interferenzen wie umgekehrt und vor allem der Einzelnen vor Überforderung. Innerhalb des Zuständigkeitsbereichs ist jedoch so weit wie möglich der hochgradigen Verwicklung der Einzelnen in übergreifende Zusammenhänge Rechnung zu tragen: dem Schicksal des Verwaltetwerdens und der Unterwerfung unter eine nahezu ausschließlich vom Staatsinteresse aus konstruierten Besteuerung, die den Einzelnen jeden Zugriff, ja sogar das Wissen darüber verweigert, was ihre Steuerbeiträge mit dem kommunal von ihnen in Anspruch genommenen Leistungen zu tun haben. Das erste impliziert das Recht zu – lokal begrenzter – Selbstverwaltung, als Politik in erster Person, das zweite eine bedingte persönliche fiskalische Kompetenz aller. Der unmißverständliche Beweis erreichter Ermächtigung wäre also eine relative fiskalische Autonomie: ein wie immer gearteter Zugriff auf Kosten und Leistungen lokaler Daseinsbewältigung. Aus der Verknüpfung beider Funktionen, beides Wurzeln europäischer Demokratie, ergibt sich allererst ein ausreichendes Maß lokaler Autonomie.

---

2 | Eine der folgenreichsten Erfindungen dieser Art ist z.B. die Einführung der Diözese in einigen römischen Provinzen im ersten vorchristlichen Jahrhundert, welche Ernst Badian (Zöllner und Sünder, Darmstadt 1997, 118) dem Juristen Q. Mucius Scaevola zuschreibt.

Verwaltungskompetenz: Selbstregierung ist auf unterster Ebene materiell wie verfahrensmäßig Selbstverwaltung. Selbstverwaltung heißt, daß prinzipiell zwischen Verwaltern und Verwalteten nicht unterschieden wird: Alle sind entscheidungsberechtigt, alle sind aber auch gehalten, öffentliche Aufgaben zu übernehmen, niemand hat von vornherein das Recht, dispensiert zu werden oder sich, weil er es sich leisten kann, vertreten zu lassen (was das bedeutet, veranschaulichen historisch schon ausreichend die privaten Ausweichmanöver, die in typischer Menge sowohl von der griechischen Polis wie von der mittelalterlichen Stadtgemeinde her bekannt sind).

Fiskalische Kompetenz: Alle sind entscheidungsberechtigt, weil alle auch die gemeinsamen Lasten zu tragen haben. Es gibt keine Chance der Externalisierung, jeder für sich ist gezwungen, Wünsche und Möglichkeiten – das, was er für erforderlich hält, und das, was er dafür in Geld oder Arbeitsquanten beizutragen hat – zu verrechnen. Einerseits: Wer kollektive Leistungen entgegennimmt, muß dafür auch zahlen. Andererseits: Alle haben das Recht, nach dem Prinzip Eine Person-Eine Stimme über das Maß von Leistung wie korrespondierender Abgabe zu entscheiden. Ein strikt horizontales Verhältnis. Das ist abzuheben gegenüber dem parlamentarischen Einspruchsrecht, welches die Wurzel des repräsentativen Systems darstellt: Da gibt es schon einen Staat, der seine Machtbefugnis zur Besteuerung der Untertanen als Naturrecht wahrnimmt, dem man also ein Vertretungsgremium als Korrektiv entgegenstellen muß.

Wirtschaftskompetenz: Sie ist als große Zukunftsressource offen zu halten. Also unter der Bedingung, daß die Verbindung lokaler Selbstverwaltung mit lokal organisierter Arbeit über die heutigen bemühten Ansätze hinauskommt und in einem Großtrend schwimmen könnte.

Dies provoziert eine Zwischenfrage: Gibt es die Chance eines Übergangs zu einer teilweise individuell und lokal gestützten Reproduktion? Seit Jahrzehnten beobachtet man eine latente Spaltung: auf der einen Seite menschenleere Fabriken, auf der anderen Seite private Neuerfindung der Arbeit. So prekär die einzelnen Arbeitssituationen sein mögen, so dauerhaft dürfte das Phänomen sein. Auf der einen Seite greifen die Konsumenten auf industrielle Billigwaren aller Art zu, die in globaler Ferne produziert sind und weltweit vertrieben werden, auf der anderen bilden sich lokale Szenen der Kleinproduktion für hochspezifische wie auch banale individuelle Bedarfe.

Zwischen dem einen und dem anderen besteht aber keinerlei Gleichgewicht. Wenn Arbeitsmarkt und Sozialpolitik die Einzelnen mit Vehemenz zum Wagnis der Selbständigkeit drängen, von der Ich-AG der Job-Center bis zu Start-up-Förderungen aller Art, führen unterschiedliche Entwicklungsstränge zu einer immer engeren Reglementierung sämtlicher überhaupt greifbarer Tätigkeiten, die den Selbständigen das Leben zur Qual machen: typischerweise verzahnt sich hier nationalstaatliche und EU-Regulierung fatal mit den Forderungen der Einzelnen, blind durchs Leben stolpern zu dürfen und für jegliche Eventualität statt eigener Vor- und Umsicht auf staatliche Hilfeleistung rechnen zu können. Nicht weniger widersprüchlich sieht es auf der unteren Ebene aus. Hier globale Mengen und private Nachfrage nach immer perfekteren technischen Angeboten, die ohne extreme Kapitalkonzentration nicht anzubieten sind, dort kleinkalibriges, von einer Fülle negativer Bedingungen eingeengtes Graswurzelwachsen.

Trotzdem spricht vieles dafür, daß sich, katastrophale Unterbrechungen ausgeschlossen, in der Interaktion beider Seiten Großtrends der Zukunft abzeichnen. Auf der Seite der globalen Megaproduktion entstehen die Technologien: Digitalisierung, Nanotechnik, Miniaturisierung von Verfahren. Die Technik könnte zunehmend aus den großen Apparaten auswandern und einerseits in lokale Bereiche einwandern, andererseits in den individuellen Verfügungsbereich. Das Internet ist da nur der Vorreiter. Greifbar ist das Neue, wenn auch nur in Anfängen, im Nebeneinander von Prototypen. Auf der einen Seite Technik, die es erlaubt, hochkomplexe Gegenstände in Eigenproduktion, quasi haushaltmäßig und für den Eigenbedarf, herzustellen; auf der anderen Seite schwache, aber höchst vielfältige Experimente der Verselbstständigung, z.B. Gruppen, die bis hin zum Städtebau den Übergang zu resilienten Lebens- wie Reproduktionsgemeinschaften proben.

Damit beides zusammen und über Experimente hinaus käme, bräuchte es selbstverständlich auch eine ganz andere politisch-ökonomische Umgebung: zum einen, so utopisch das derzeit scheint, einen ernsthaften Rückfluß der privaten Vermögen aus den internationalen Fonds in lokale Wirtschaftsbereiche, zum andern, derzeit kaum weniger unwahrscheinlich, den sozialen Kleinraum, eine politisch-fiskalische Ebene relativer Autonomie der Einzelnen. Die utopischen Blüten, die seit Jahrzehnten als belanglose Inseln der Weltverbesserung oder des Aussteigens dahinsegeln, könnten sich dann tatsächlich, technologisch gestützt, zu brauchbaren, Kapital bindenden Kernen eines anstehenden Umbaus gesellschaftlicher Reproduktion verbinden.

Warum nicht einfacher?

Das ist der große Brocken, den es zu heben gilt. Um so verständlicher, daß die politische Diskussion auf allen Ebenen, ob Protestbewegungen oder politische Theorie, vor dieser Konsequenz zurückweicht. Sieht es doch vor allem für erstere so aus, als wäre ein Mehr an Demokratie viel einfacher zu haben: über den Volksentscheid. Nicht der einzige denkbare Beipass, aber der derzeit wohl aufregendste: im weiten Feld gesetzlich zugestandener oder zivilgesellschaftlich realisierter Mitsprache die einzige Form, in der Einzelne die Mauer der Repräsentation überspringen und in die Entscheidungsfunktion gelangen können. Es lohnt daher, hier noch einmal haltzumachen und zu zeigen, warum das Instrument letztlich auf einen Holzweg führt.

Die Nützlichkeit und gegebenenfalls Notwendigkeit des Plebiszits innerhalb übergreifender Entscheidungsprozesse muß man nicht grundsätzlich leugnen. Es geht um die Grenzen des Verfahrens. Der Volksentscheid kann, gerade weil er imperativ formuliert ist und nur Ja und Nein kennt, das Mittel der Wahl sein nur angesichts von nationalen Schicksalsfragen: Krieg und Frieden, EU-Zukunft, Atomkraft, stellt sich auf dieser Ebene doch, wenngleich indirekt, eine gewisse Bindung ein: In diesem Maßstab kann man davon ausgehen, daß sich niemand den Folgen der Entscheidung entziehen kann. So daß eine plebiszitär getroffene Entscheidung nach entsprechenden negativen Erfahrungen in einem zweiten Versuch, wie wir sahen, u.U. auch wieder korrigiert wird.

Die politische Schwäche von Volksentscheiden ist desto deutlicher, je basisnäher sie ansetzen. Desto mehr sind sie in Gefahr, sich zu überschätzen, desto weniger, sich selbst zu steuern. Je näher man den lokalen Problemen kommt – Freiflächen, Flugrouten, Asylantenheime usw. –, desto mehr dienen Volksentscheide dazu, daß mobile öffentlichkeitsfähige Gruppen sich Vorteile zuungunsten der Mehrheit verschaffen. Quasi naturrechtlich bzw. fundamentalistisch von ihrem Recht überzeugt, neigen lokale Bewegungen dazu, die verfahrensbedingte Einschränkung von Ja und Nein mit der eigenen Betroffenheit, und diese mit der Sache zu verwechseln, mithin demokratieuntauglich zu werden. Die Vermehrung der Volksentscheide auf unterster Ebene erzeugt denn auch keine direkte, vielmehr nur eine Wünsch-dir-was-Demokratie. Die politisch-fiskalische Verantwortung fällt notgedrungen weiter auf die Repräsentanten, die sich dem Bürgerwillen beugen.

Dem Volksentscheid fehlt, gerade weil er als Korrektiv innerhalb des Gegenpols, des Vertretungssystem, funktioniert, eben das, was allererst Autonomie erzeugt, die Selbstbindung der Entscheidenden. Das ist der Unterschied zur Schweiz, die in Teilen eben weniger Staat als tatsächlich noch Eidgenossenschaft ist: Hier stimmen Bürger durchaus auch über kantonale Budgets ab, in dem Bewußtsein, daß sie es sind, die Folgen und Kosten tragen werden. Die Illusion der privaten Kostenlosigkeit staatlicher Leistungen kommt gar nicht erst auf: was immerhin die Höhe öffentlicher Ausgaben beeinflußt.[3]

---

3 | Charles B. Blankart, Öffentliche Finanzen in der Demokratie, 4. Aufl. München 2001, 174.

Volksentscheide können nur Ausnahme sein, nicht Regel. Lokaldemokratie hat dagegen mit Dauer zu tun. Sie kommt deshalb von vornherein nicht ohne Selbstbindungen aus. Hat sie damit negativ das Moment des Mißbrauchs so weit wie möglich auszuschließen, so sollte sie positiv eine nach Reichweite dem Volksentscheid weit überlegene Leistung erbringen: direkte Zuständigkeit zu ermöglichen. Also Demokratieerfahrung in eigener Person. Was sonst könnte das Auswachsen des Nationalstaats kompensieren? Lokaldemokratie hätte, wo die nationalen Grenzen offen und die Orte und Lebenslagen austauschbar werden, Zugehörigkeit und Heimat zu ermöglichen, dadurch, daß sich jene lokale Behaftbarkeit tatsächlich ergibt, die der großen Politik nicht möglich ist. Zum andern hätte sie eine soziale Erwartung zu erfüllen: die, daß die nicht planierbaren Ungleichheiten gesellschaftlicher Chancen und Besitzstände, wenn sie als solche nur staatlich zu bändigen sind, in der beschränkten lokalen Fragestellung zumindest erträglicher gemacht werden können.

Die lokale Einheit

Mit der Verknüpfung von Entscheidungsprozessen, identifizierbaren Einzelnen und konkretem Raum – Territorialisierung von Verfügungsmacht – fände ein Ebenenwechsel statt, von abstraktem Staatsraum zu konkretem, geografisch umschriebenen Lokalraum.[4] Der Lokalraum ist eine Evidenz unterhalb der manifesten territorialen Unterscheidungen von Wachstums- und Schrumpfungsregionen, Groß- und Kleinstädten, von Landkreis und Kommune, Stadt und Land. Er bildet sich, unter welchem regionalem Vorzeichen

4 | Dieter Hoffmann-Axthelm, Für eine Örtlichkeit der Politik, in: Ästhetik und Kommunikation 59/1985, 7-17; Tobias Federwisch, Zivilgesellschaft, governance und Raum. Ein programmatischer Beitrag aus Sicht der Geographie, in: Elke Becker/Enrico Gualini/Carolin Runkel (Hg.), Stadtentwicklung, Zivilgesellschaft.

auch immer, gleichsam von selbst: in Verknüpfung jeweiliger konkreter Verhältnisse mit dem Zwang horizontaler Interaktion.

Nächstliegend stellt sich die Größenfrage. Sie ist aber nur ausweichend zu beantworten. In der Bestimmung der Größeneinheit überlagern sich geographische, verwaltungstechnische, demografische und im engeren Sinne soziale Bestimmungsgrößen. Einzige zwingende Bedingung: Es muß gesichert sein, daß die jeweilige lokale Einheit die ausreichenden Ressourcen enthält. Danach müßten Kopfzahl und Flächengröße bemessen werden – es kann also keine abstrakten Maßgrößen geben.

Die räumlichen Einheiten neuzeitlicher substitutiver Selbstverwaltung sind dafür nach wie vor ein brauchbares Modell. Die europäische Stadt kam nie ohne räumliche Einheiten aus, welche das abstrakte Selbstbestimmungsrecht praktisch machten, Stadtviertel, Nachbarschaften, Parochien.[5] Im neuzeitlichen Staat war es das Armutsproblem, welches zu kleinsten Einheiten führte: rationalisierte Fürsorge dank staatlich beauftragter Selbstverwaltung.[6] Die Überführung in das System kommunaler Selbstverwaltung im 19. Jahrhundert machte das Verfahren in Deutschland zugleich zu einem Mittel bürgerlicher Emanzipation. Eine Selbstverwaltung, die alle entscheidungsfähig gemacht hätte, war weder beabsichtigt noch historisch möglich, es waren in diesem System bürgerlicher Selbsttätigkeit die lokalen Honoratioren, welche die lokale Verwal-

5 | Politisch wie fiskalisch entscheidend in der ältesten Stadtdemokratie Deutschlands, Köln. Dazu: Arnold Stelzmann, Illustrierte Geschichte der Stadt Köln, 4. Aufl. Köln 1966, 84f.; Matthias Schmandt, Judei, cives et incole: Studien zur jüdischen Geschichte Kölns, Hannover 2002, 18-21; 50-52 u.ö.

6 | Bernhard Mehnke, Armut und Elend in Hamburg. Eine Untersuchung zum Armenwesen in der ersten Hälfte des 19. Jahrhunderts, Hamburg 1981, 29-54; Thomas van den Boogart, Hoffnungslos arm? Armenpflege und Fürsorge, in: 1789. speichern und spenden. Nachrichten aus dem Hamburger Alltag, hg. v. Museumspädagischen Dienst Hamburg, Hamburg 1989, 44-55.

tungstätigkeit trugen.[7] Entsprechend pragmatisch hat man das Problem der Einheiten gelöst: Sie mußten kleiner sein als die Viertel der mittelalterlichen Stadt, zunehmend auch kleiner als das System der kirchlichen Parochien, die das Vorbild abgaben. Ziel war Übersichtlichkeit: daß die Akteure die Zuwendungsempfänger persönlich kannten und beobachten konnten.

Der Ansatz erwies sich gerade auch noch im Übergang zur unbegrenzt wachsenden Industriestadt als tragfähig. Je größer die Städte wurden, desto mehr Einheiten waren nötig, desto breiter mußte die Schicht der Akteure werden, ein Problem nicht nur der Gewinnung von Akteuren, sondern auch ein Lernprozeß kleinbürgerlicher Aktivierung.[8] Eine unterste Verwaltungseinheit braucht also keine historischen Grenzen, so nützlich sie im Einzelfall sein können. Als pragmatischer Modul ist z.B. unter Stadtplanern das Einzugsgebiet einer zwei- bis dreizügigen Grundschule gebräuchlich. Jede ungefähre Größenordnung wäre ohnehin den lokalen Verhältnissen anzupassen. Neu gedacht werden muß jedoch die Funktionsweise.

7 | Ludovica Scarpa, Gemeinwohl und lokale Macht. Honoratioren und Armenwesen in der Berliner Luisenstadt im 19. Jahrhundert, (Einzelveröffentlichungen der Historische Kommission zu Berlin Bd. 77) München usw. 1995, 317-330.

8 | Im Berliner System z.B. waren die Grenzen mit dem kaskadenartigen Wachstum der industriellen Großstadt laufend zu verschieben. Berlin hatte zu Beginn, 1808, die erlaubte Höchstzahl von 102 Bezirken bei einer Gesamtbevölkerung von 163.000 Einwohnern, um 1900 über 400 bei einer Gesamtbevölkerung von rd. 2,7 Millionen. Was annähernd gleich blieb, war die ungefähre Größenordnung nach Bewohnern - sollte anfangs laut Städteordnung ein Bezirk nicht weniger als 1000 und nicht mehr als 1500 Personen umfassen, so pendelte sich die Zahl angesichts fortlaufender Zellteilung etwa zwischen 2000 bis 4000 Personen ein, immer noch ein Maß, das erheblich unterhalb der kleinsten heute akzeptierten Einheit liegt, des Ortsteils.

Ziel ist die Aufhebung der Schranke zwischen Verwaltern und Verwalteten. Was es nicht nur möglich, sondern geradezu unvermeidlich macht, ist der Umstand, daß die Unterscheidung von Regieren und Verwalten auf lokaler Ebene nicht funktioniert. Alles, was zu entscheiden ist, ist zugleich zutiefst in Verwaltungsvorgänge verwickelt. Es stehen sich nicht Vertretene und Vertreter gegenüber, sondern in der Tat Verwaltete und Verwalter, Subjekt und Objekt, auch wenn man die einen Kunden nennt und die anderen sich als Dienstleister bezeichnen.

Um das Ziel zu erreichen, muß man nicht die Funktionstrennung aufheben, es reicht, daß sie austauschbar und austauschpflichtig gemacht wird. Das setzt voraus, daß tendentiell alle angesprochen werden, und daß die Einzelnen in ihrer Mehrheit auch faktisch anzusprechen sind. Das sollte erreichbar sein. Je mehr sich individuelle Risiken verallgemeinern, desto obsoleter werden soziale und fachliche Scheidungen. Selektion zwischen Geeigneteren und anderen, so daß, wie bei den klassischen Berufsbürgern der Bürgerbeteiligung, sich ein neues Honoratiorentum bildete, ist unbedingt auszuschließen. Austauschbarkeit durch regelmäßigen Wechsel vorausgesetzt, sollte es möglich sein, ab einem bestimmten Alter die überwiegende Mehrheit aktiv in Verwaltungsfunktionen einzubeziehen. Zwar würde es innerhalb einer gegebenen Funktionsperiode dabei bleiben, daß eine Minderheit jeweiliger Verwalter einer Mehrheit von Auftraggebern gegenübersteht. Bei regelmäßigem Positionswechsel der Einzelnen verändert sich diachron aber der Effekt: nicht Übersichtlichkeit für wenige Leitende, sondern wechselseitige relative Bekanntheit, Information und Auseinandersetzung aller Beteiligten, ohne daß das Verhältnis dichotomisch einfröre: hier die Macher, Apparat, dort die Passiven.

Entsprechend flüssig und formal sollten die Verfahrensregeln sein: kurze Amtszeiten, imperatives Mandat, Auswahl über das Losverfahren (keine Parteien, keine Wahlkämpfe). Montesquieu: »Die Auswahl über das Los ist der Demokratie angemessen [...] Das Los ist ein Wahlverfahren, daß niemanden benachteiligt; es läßt jedem

Bürger eine vernünftige Chance, dem Gemeinwesen zu dienen.«[9] Man muß hinzufügen: nur im lokalen Rahmen – schon die Vertreter für die kommunale Ebene dürften besser durch geheime Wahl zu bestimmen sein. Losverfahren und kurze Amtszeiten würden dafür sorgen, daß die unumgängliche Vertretungsfunktion maximal gestreut wird und potentiell tatsächlich alle irgendwie Befähigten antrifft. Angesichts der relativen Übersichtlichkeit des Lokalbezirks würde die Mehrzahl kaum Gelegenheit haben, sich dem politischen Prozeß zu entziehen und das Verhandelte aus den Augen zu verlieren. Angesichts der Teilzeitstruktur der Tätigkeit auch für Vollbeschäftigte bestände, wenn kein Recht, so auch kein Grund, sich zu entziehen: ein Beitrag zur Schließung der Erfahrungs- und Betroffenheitslücke zwischen den auseinander driftenden sozialen Lagen.

Traut man dies den durchschnittlichen Einzelnen zu? Die Herausforderung besteht darin, ungebundene Individualpolitik mit regelgebundener Wechselseitigkeit zu versöhnen, Fordern mit Eigenleistung, Wut mit Verwaltungsroutinen. Für das Wagnis gibt es keine Vollkaskoversicherung. Die Büchse der Pandora öffnete sich ja erst, wenn man es tatsächlich auf die Einzelnen ankommen ließe. Das einzige, was als Absicherung des Oben wie als Abstützung des Unten mitgegeben werden kann, dürfte eben die lokale Eingrenzung sein.

Lokalität, Mobilität, Ungleichheit

Dem wird sofort soziologisch belehrt widersprochen werden: dazu sei die Spaltung des lokalen Raums viel zu weit fortgeschritten. Tatsächlich sind die sozialen Entfernungen heute größer als vor 200 Jahren. Man machte sich aber ein völlig falsches Bild, wenn man meinte, eine Gemeinde des 18. oder frühen 19. Jahrhunderts sei in irgendeiner Weise homogen gewesen und wäre ohne historische Einschläge durchgekommen. Jede historische Nachforschung zeigt,

9 | De L'Esprit des Lois, l. II, ch. II.

wie stark der Wanderungsaustausch war, wie prägend die sozialen Differenzierungen, wie trennend die religiösen Bekenntnisse, wie unterschiedlich die beruflichen Karrieren, wie groß die wechselseitigen Zumutungen.

Auch hätte keine Demokratie heute im Ernstfall das Recht, auf die Inkompetenz der Individuen zu verweisen. Weder die Schwierigkeit, Verwaltete und Verwalter austauschbar zu machen, noch die häufig zu beobachtende Verweigerung gesamtgemeindlicher Verantwortung seitens lokaler Interessengruppen, noch die Vermutung einer mangelnden Praktikabilität der untersten Einheit dürfen als unüberwindliche Hürden gelten. Jede dieser Herausforderungen ist zu meistern, was so klar gesagt werden kann, weil es für jede dieser Möglichkeiten historische Belege gibt.

Der nächstliegende Einwand beträfe dann etwas spezifisch Neues: die globale Mobilität der Bewohner. Niemand sei mehr ausreichend verwurzelt, um lokal behaftbar zu sein, und wer es ist, sei eher im Internet anwesend als an seinem Wohnort. Das Argument soll hier nicht lange widerlegt werden: Die Bindungskraft des Lokalen wird allgemein unterschätzt,[10] und daß die Dinge wesentlich komplizierter sind, hat die empirische Stadtforschung gezeigt.[11] Zum einen ist – Empirie der Fernpendler – die Bindung an die eigene Stadt und Region kaum gebrochen. Zum andern üben gerade die Entgrenzungserscheinungen in Arbeits- wie Lebenswelt Druck

10 | Nur ein ganz kleines Indiz, die Automobilität betreffend: Von den Großstädten einmal abgesehen, wird generell in der Selbstwahrnehmung der Kommunen der Fernverkehr überschätzt und entsprechend berücksichtigt - dabei zeigen Verkehrszählungen, daß mindestens 90% aller innerstädtischen Verkehrsbewegungen Lokalverkehr sind. Eine ähnliche, wenn auch nicht ganz so drastische Unterschätzung gibt es auf der Ebene der Wirtschaftsleistung und der lokalen Geldumläufe.

11 | Saskia Sassen, Global City: Internationale Verflechtungen und ihre innerstädtischen Effekte, in: Hartmut Häußermann/Walter Siebel, New York. Strukturen einer Metropole, Frankfurt a.M. 1993, 71-90.

aus zugunsten lokaler Anwesenheit.[12] Je mehr Arbeitsorte wie Familienbeziehungen aufsplittern, desto dringender sind Unternehmen wie Individuen auf lokale Netze angewiesen. Je weiter sich die Schere zwischen globalen und Subökonomien aller Art öffnet, desto mehr hängen letztere von lokalen Kontakten ab, während die Immobilität der Herausfallenden derzeit das größte Problem der Stadtentwicklung darstellt.

Ungleich wichtiger für die lokale Behaftbarkeit der Einzelnen ist die individuelle Bereitschaft.[13] Sie ist das eigentliche Konstruktionsproblem lokaler Demokratie. Bevor man sich hier auf längere Diskussionen einläßt, ist darauf hinzuweisen, daß das Mißtrauen gegenüber der Bindungswilligkeit und -fähigkeit der Individuen klassisch ist. Das Kernargument des privaten Entlastungsbedürfnisses und des Vorranges der Geschäfte hat keiner so lustvoll ausgemalt wie gerade Jean-Jacques Rousseau.[14] Aber doch nur, um damit die Unvermeidlichkeit einer diktatorisch durchgesetzten volonté générale zu begründen.

Ein drittes Argument betrifft die ökonomische, kulturelle und biologische Ungleichheit der Personen. Das Argument der intellektuellen Überforderung zählt am wenigsten. Die digital gestützte Kostenüberwälzung seitens privatwirtschaftlicher Dienstleister wie Fiskus und Kommunalverwaltungen zwingt den Einzelnen schon heute hochkomplexe Verwaltungsaufgaben auf – ungewollt ist längst jeder sein eigener Verwaltungsbeamter. Daß es Kompetenz-

12 | Dieter Läpple, Städtische Arbeitswelten im Umbruch – zwischen Wissensökonomie und Bildungsarmut, in: Heinrich-Böll-Stiftung (Hg.), Das neue Gesicht der Stadt. Strategien für die urbane Zukunft im 21. Jahrhundert, Berlin 2006, 19-35.

13 | Schon die athenische Demokratie hatte übrigens ihre Probleme, für die hunderten von Verantwortlichkeiten willige Personen zu finden und mußte auf Bezahlung der Ärmeren setzen. Also eher ein anthropologisches Problem als eines moderner Verhältnisse.

14 | Du Contrat Social, Buch III, Kap. 15 (in der Ausgabe von Henri Guillemin, Paris 1963, 139).

unterschiede gibt, muß man deshalb nicht leugnen, aber dafür gibt es Hilfsmöglichkeiten. Ungleichheit ist ohnehin nicht nur Problem, sondern auch Ressource, weil es ohne die Kompetenzen mobiler Qualifizierter nicht geht. Wie auch nicht ohne die Brechung solcher Kompetenzen an der Problemkenntnis der weniger Qualifizierten.[15] Die lokale Anwesenheit qualifizierter Minderheiten bedeutete Sättigung der Initiativen bzw. Abfederung der Konflikte durch Fachwissen, Diskussionsfähigkeit, Sachlichkeit.

Damit ist zugleich das tatsächlich durchgreifende Gegenargument benannt: die wachsende Tendenz zur sozialen Segregation. Doch lokal ist das Problem nicht die soziale oder kulturelle Ungleichheit an sich, sondern ihre räumliche Verteilung. Daß sich segregierte Oberschichtviertel selber, und zwar direktdemokratisch, organisieren können, weiß man aus den USA.[16] In der Tat wäre jedes größere Maß an lokaler Autonomie angesichts von Markt und Freizügigkeit politisch wie moralisch nur vertretbar unter der Bedingung quotierter sozialer wie funktionaler Mischung.[17] Weder

15 | Das Modell geben die erfolgreichen lokalen Träger mit Langzeitstruktur ab. Z.B. der nichtsubventionierte Stadtteilverein. Es ist einfach, sich gegen Veränderungen und von außen kommende Zumutungen zu wehren – Drogenstrich, mangelnde Sauberkeit, Verkehrsplanungen, Fluglärm, unliebsame Investitionen aller Art, Auflastung von Straßenbaukosten usw. Der Stadtteilverein mag aus solchen und anderen ähnlichen Problemen entstehen, paradigmatisch wird er, sobald er nicht nur fordert, sondern selbst organisiert, nicht gegen, sondern für etwas ist. Das setzt organisatorische Kompetenz voraus, das Geschick, Mitstreiter zu finden, die Fähigkeit, Enttäuschungen und Anfeindungen einzustecken und sich bei aller belastenden Tätigkeit nicht ausgebeutet zu fühlen.

16 | Welche Möglichkeiten lokaler Bindungslosigkeit entlang der Sorge um den Marktwert des Eigenheims reiche US-amerikanische Communities entwickeln können, hat Mike Davis in »City of Quarz« beschrieben: City of Quartz. Excavating the future of Los Angeles, London/New York 1990, 165ff.

17 | Daß diese Bedingung auf kommunaler Ebene kaum erfüllt wird, ist evident. Einer der Gründe dafür ist, daß die Schere meist noch nicht so weit

Staat noch Kommunen dürften sonst das Risiko einer Teilermächtigung lokaler Einheiten eingehen. Es muß garantierbar sein, daß die Einheiten nicht hoffnungslos in reiche und arme Einheiten auseinander fallen.

Notwendigkeit externer Regulierungen

Die lokale Einheit kann sich nicht selber garantieren, sie muß auf übergeordneten kommunalen, teils durchaus hoheitlichen Regularien aufbauen können. Die Realität externer Regulierung ist schon durch den engen finanziellen Zusammenhang von lokalen Einheiten und Kommunalverwaltung/Gesamtstadt gesetzt. Keine Einheit wäre fiskalisch autonom, also auch nicht in der Lage, dank einkommensstarker Bewohner sich mehr zu leisten als andere. Weder ließe sich oben die politische Debatte monopolisieren noch unten die Haushaltsdebatte. Beide Ebenen wären kontinuierlich aufeinander angewiesen, über welche Ausschüsse und Delegierungen auch immer die Auseinandersetzung instrumentiert wäre.

Lokale Idyllen sind ohnehin nicht zu erwarten. Man wäre nach wie vor mit allen Zwängen und Plagen einer hochgradig und mehrschichtig verregelten Verwaltungswirklichkeit konfrontiert, ob EU-, Staats- oder Kommunalebene. Ein System lokaler Einheiten müßte nun nur beweisen, daß es damit besser umgehen kann als das bestehende. Es sollte sich, heißt das, ein meßbarer Nähevorteil lokaler Abarbeitung zentraler Regulierung ergeben. Hätte doch das Lokalsystem in ganz anderer Weise die Ressource praktischer Vernunft auf seiner Seite, des Common Sense. Und nur lokal ließe sich auch die in der Abstraktheit von Gesetzen und Verordnungen eingekapselte Moral freizusetzen.

Das Irrationale ist Teil der lokalen Wirklichkeit – Machtmißbrauch, Seilschaften, Korruption, lokale Feindschaften, familiäre

---

aufgegangen ist wie im Fall der Pariser Banlieue oder der Innenstadt von Marseille. Es brennt noch nicht.

und Straßengewalt, Haß, Neid, Verachtung, Rassismus. Das meiste ist mit Polizeigewalt nur vorläufig und unbefriedigend zu bewältigen. Das Zerstörungspotential tritt lokal nicht abstrakt, sondern in Personen auf, mit denen man weiter lebt, es kann nicht nur gehindert, es muß auch so weit wie möglich aufgelöst werden. Außer Common Sense und Aufklärung braucht es dazu immer neu Gutwilligkeit. Die größte Herausforderung lokaler Selbstverwaltung ist überhaupt, wie man mit dem Herausfallenden fertig wird, dem historischen Erbe an individueller Benachteiligung und familiärer Zerstörung, an Ausschluß, Lieblosigkeit, Machismus, Verwahrlosung, Bildungsferne, Suchtkrankheiten, Gewalt. Angesichts dessen gilt allein der Mut und das Zutrauen, sich in den Versuch der Bewältigung allererst einzulassen, in der durchaus begründeten Hoffnung, daß es genügend soziale Intelligenz und Gutwilligkeit gibt, damit das Verfahren den Versuch der Bewältigung übersteht.

Lokaldemokratie und bedingungsloses Grundeinkommen

Ginge es nicht auch viel einfacher – über die Einführung des bedingungslosen Grundeinkommens? Da muß man sich in der Tat entscheiden. Ein lokaler Arbeitsmarkt kann ein aus Steuern bedingungslos zugeteiltes Grundeinkommen zu seiner eigenen Funktionsfähigkeit nur ausschließen: Lokal ist, wenn man die gewollte Nähe und Interaktionsdichte ernstlich in Betracht zieht, nichts bedingungslos. Grundsicherung ja, aber nicht bedingungslos. Lokale Selbstverwaltung spricht alle an, ohne dafür staatlichen Zwang zu beanspruchen. Wie sollte sie sich in ihrer für die Lokaldemokratie konstitutiven Verklammerung von Entscheidungsrechten und fiskalischer Verantwortlichkeit verständlich machen, wenn es von Staates wegen, aus Steuern, auch anders geht?

Das bedingungslose Grundeinkommen verdankt seine Anziehungskraft zwei recht unterschiedlichen Perspektiven: auf der einen Seite das globalisierungsbezogene makroökonomische Argument der Entkopplung von Arbeit und Einkommen, auf der anderen die mikroökonomische Erfahrung des Prekariats.[18] Beide Interessen sind ohne weiteres nachvollziehbar, aber erstens alokal gedacht, zweitens individualistisch. Gegenüber der spaltenden Funktion der bestehenden Regeln der Berechtigung wird der gordische Knoten schlicht durchhauen – alle sind berechtigt: theoretisch damit freigestellt zur individuellen Entscheidung darüber, wie sie leben wollen. So verschieden die beiden Perspektiven sind, treffen sie sich daher in der Forderung, den Sozialstaat überflüssig zu machen: ein Projekt, dem man die Tücken nicht gleich ansieht, kann es doch so neoliberalistisch[19] wie utopisch-sozialistisch[20] gelesen werden. Ob die monetäre Einebnung des Sozialstaats ökonomisch möglich, und ob sie politisch durchsetzbar ist, sei offen gelassen – daß eine repräsentative Demokratie das zugehörige Steuersystem überhaupt ertragen kann, ist nicht besonders wahrscheinlich.

Eine ganz andere Frage ist, ob sie tatsächlich wünschenswert wäre. Daß das bedingungslose Grundeinkommen für eine Demokratie von unten förderlich wäre, kann nur aus einer fatalen Überschätzung der lebensweltlichen Anziehungskraft politischen Engagements behauptet werden. Daß der lokalen Lösung damit die Luft genommen wäre, wird weder die Politik noch die Verfechter des Grundeinkommens beunruhigen. Es mögen sich dann beliebige Minderheiten freiwillig im lokalen Feld tummeln – dem Projekt fehlte, da alle notdürftig versorgt und damit in die Gleichgültigkeit ihres Einzelschicksals entlassen sind, die Existenzgrundlage. Es

18 | Von daher die, wenngleich umstritten gewesene, Option der deutschen Piratenpartei für das bedingungslose Grundeinkommen.

19 | Milton Friedman, Kapitalismus und Freiheit (1962), Frankfurt a.M. 2002, 228ff.

20 | André Gorz, Wege ins Paradies (1983), Berlin 1983, 69-73; Ulrich Mückenberger/Claus Offe/Ilona Ostner, Das staatlich garantierte Grundeinkommen - ein sozialpolitisches Gebot der Stunde, in: Claus Leggewie/Hans-Leo Kraemer (Hg.), Wege ins Reich der Freiheit. André Gorz zum 65.Geburtstag, Berlin 1989, 247ff.

wäre aber auch das Fiasko der, Gesellschaft konstituierenden, Äquivalenz von Nehmen und Geben. Staatsabhängige Unabhängigkeit mag für die Einzelnen attraktiv sein, aber sie treibt die gesellschaftliche Selbstauflösung voran.[21]

Als Versorgungssysteme waren auch die beiden deutschen Diktaturen erfolgreich und bindungsfähig. Die umstandslose Beantwortung von marktliberaler Entbindung durch Sozialetatismus kann ohnehin nicht überzeugen: Nicht nur der Marktliberalismus hat ein Legitimationsdefizit, auch der Sozialstaat.[22] Tatsächlich hat der Sozialstaat ein Erklärungsdefizit jenen Geringverdienern gegenüber, die die proportional höchste Steuerlast tragen und, anders als Politik und Verwaltung, die realexistierenden Dunkelzonen von Hartz IV plus Schwarzarbeit, von Verweigerung und Staatsabzocke von Nahem sehen. Das mag in keinem Verhältnis stehen zu dem, was Mächtigere sich an Vorteilnahme erlauben und zudem volkswirtschaftlich vernachlässigbar sein: Das Gerechtigkeitsproblem ist nicht vom Tisch, und damit eine massenhaft in den Tiefen der Gesellschaft verbreitete Verbitterung, die sich, solange sie politisch

21 | Abgeschwächt gilt dies auch für die jüngere sozialliberale Variante: Gerd Grözinger/Michael Maschke/Claus Offe, Die Teilhabegesellschaft. Modell eines neuen Wohlfahrtsstaates, Frankfurt a.M. 2006. Die Autoren stützen sich auf: Bruce Ackerman/Anne Alstott, Die Stakeholder-Gesellschaft. Ein Modell für mehr Chancengleichheit, Frankfurt a.M. 2001. Eine Rückbesinnung auf Justus Möser (Der Bauerhof als eine Aktie betrachtet, Ausgewählte Schriften, Leipzig 1986, 179-93) hätte immerhin vor der miteingekauften monetären Banalisierung des Themas geschützt.

22 | Das fällt nur der etatistischen Linken nicht auf, die, soziologisch gestützt, den Einbruch neoliberaler Verrohung aus den Eliten in die Mitte der Gesellschaft beklagt. Ein Beispiel: das bei zutreffenden Teilbeschreibungen insgesamt fahrlässige Konstrukt GMF (Gruppenbezogene Menschenfeindlichkeit) der Bielefelder Gruppe um Wilhelm Heitmeyer, jährlich fortgeschrieben in den Bänden: Deutsche Zustände, hg. v. Wilhelm Heitmeyer, Frankfurt a.M./Berlin.

nicht vertreten ist, nur in in den Auswüchsen fremden-, politik- und elitenfeindlicher Bürgerbewegungen äußert.

Sozialstaat und Rechtspopulismus bilden überhaupt ein zwangsläufiges Gespann. So unverzichtbar in Massengesellschaften eine staatlich institutionalisierte Wohlfahrt ist, so unvermeidlich ist sie damit konfrontiert, daß sie sich einerseits aus kollektiver Moral legitimiert, andererseits die individuelle zersetzt, indem sie sie alltagspraktisch überflüssig macht. Eine Wohlfahrt, die sich, zu einem beschäftigungsstarken System wirtschaftlicher Macht geworden, politisch nicht viel wirksamer begrenzen läßt als die globale Ökonomie, verliert offensichtlich, so viele davon profitieren mögen, selbst die Zustimmung der Profitierenden.

Eine lokale Selbstverwaltungseinheit wäre mit der Verbitterung der steuerzahlenden unteren Mittel- und Unterschichten in jedem Fall konfrontiert: Lokale Anerkennung setzt die gesellschaftliche Grundnorm der Reziprozität voraus – daß nicht nur genommen, sondern auch gegeben wird. Diese notwendige Gegenseitigkeit allererst möglich zu machen, als Austausch von Geld, Arbeit und Anerkennung, wäre die zentrale Aufgabe lokaler Einheiten: das, woran alle staatlich verwaltungskonform veranstalteten Maßnahmen grundsätzlich scheitern müssen. Austausch – man kann auch sagen: Gesellschaft – ist das Lebensmittel schlechthin in einer Welt hochgradiger Individualisierung. Zu viele sind in der Gefahr, sich in deren unterschiedlichen Falten zu verlieren. Das bedingungslose Grundeinkommen wäre ein Schritt weiter zu einer Individualisierung, welche die anderen nicht mehr braucht.

4 Die geöffnete Republik

Von der EU zu den Einzelnen, von den Einzelnen zur EU: diese Wechselbeziehung setzt, um zum Tragen zu kommen, eine doppelte Öffnung des Nationalstaats voraus, nach oben und nach unten. Die Asymmetrie der beiden Problemrichtungen ist allerdings nicht zu übersehen. Die Europäische Union bleibt vielleicht noch lange eine Bühne europäischer Unentschiedenheit und Schwäche. Aber die weltpolitischen Umwälzungen machen um Europa keinen Bogen, und so werden sich die Europäer entscheiden müssen. Entweder zieht man sich zurück in eine bedeutungslose Kleinstaaterei – in diesem Fall behielte Brüssel allenfalls die Rolle eines Dienstleisters der Nationalstaaten –, oder es werden der EU die fehlenden außen-, wirtschafts- und sicherheitspolitischen Entscheidungsfunktionen so weit zugestanden, daß sie handlungsfähig wird.

Dagegen hängt die Perspektive einer Öffnung nach unten noch ganz anders in der Luft: Sie müßte von den jeweiligen Nationalstaaten erst einmal als Problem anerkannt werden, bevor man überhaupt daran denken kann, in den so langwierigen wie mühsamen Prozeß der Implementierung lokaler Eigenmächtigkeit in das jeweilige nationale System von Regierung und Verwaltung einzutreten. So viel sich zivilgesellschaftlich in einigen Ländern tun mag, so wenig wird schon daran gedacht, der Unruhe der Einzelnen offen entgegen zu treten. Eine Zwangslage ist insoweit nicht zu erkennen.

Und doch hängt beides eng zusammen. Das zeigt die Verzahnung von EU-Krise und Demokratiekrise in immer mehr Mitgliedsländern, latent in allen. Die internen Demokratiekrisen – Ungarn, Polen, Österreich usw. - verweisen auf eine Garantiemacht demokratischer Grundsätze, die es nicht gibt, weil die Nationalstaaten bislang nicht bereit waren, sie der EU zuzugestehen. Das wendet sich heute gegen eben diejenigen politischen Eliten, die diesen Umstand zu verantworten haben. Werden sie begreifen, daß sie ein qualitatives Mehr an demokratischer Öffnung benötigen, wenn sie nicht in den Wellen populistischer Demokratieverweigerung untergehen wollen?

Entscheidung von unten

Aber ebenso ist die Brüsseler Institution gefordert. Die Europafeindschaft der Populisten hat ja gute Gründe. Daß es bislang nur die wirtschaftliche Integration war, die den schleichenden Prozeß europäischer Einigung stützte, erzeugt angesichts mangelnder Trennschärfe zwischen globalen und europäischen Interessen mehr Verdacht als Zutrauen. Ob es mit Europa weiter geht, hängt, bei schrumpfender Bewegungsfähigkeit der nationalen politischen Eliten, immer mehr davon ab, ob der Prozeß überhaupt noch durch nationale Mehrheiten gestützt wird. Hier, nicht mehr im Egoismus der nationalen Machtstrukturen, liegt in Zukunft der Schlüssel zur Weiterentwicklung der EU. Die EU als Drohgespenst eines alles reglementierenden Superstaats – wie könnte das besser entschärft werden als über eine Teilermächtigung der Einzelnen dort, wo sie sind.

Die EU ist auch nur ein Vorwand der Demokratieverweigerer. Weder den Nationalstaaten noch den europafeindlichen Parteien und Protestbewegungen von rechts und links wird es deshalb gelingen, das Ängste der erodierenden Mittelschichten dauerhaft auf die EU abzulenken. Die latente Demokratiekrise ist um so weniger zu umgehen, wie die Abgabe von Kompetenzen, global wie an die EU, voranschreitet. Der Staat, soweit Verwaltung, hat noch wenig zu befürchten, wohl aber wird das Regierungshandeln, in welcher Indirektheit und unter welchen innerpolitischen Wendungen auch immer, den Wählern erklären müssen, was es überhaupt noch kann und wozu es noch da ist. Das Politiksystem wird – wo liegen überhaupt die Spielräume kompensatorischer Bindung, also für ein Mehr an Demokratie? – vor dem Problem stehen, wie das heutige double bind von mentaler Spiegelung und institutioneller Ferne aufzulösen ist.

Wenn man nicht unbedingt davon überzeugt ist, daß mit dem Repräsentationssystem bereits das Gesamt des Demokratiemöglichen ausgeschöpft ist, dann sollte dies auch innerhalb seiner und aus seinen eigenen Voraussetzungen heraus möglich sein, auch wenn dies selbstverständlich eine verfassungsrechtliche Öffnung des Systems bedeuten würde, die unter gegenwärtigen Verhältnissen aussichtslos scheint: Ausbildung einer institutionellen Ebene, die zum einen die EU ansprechen kann und umgekehrt von ihr angesprochen wird, die andererseits aber das nationale System nicht sprengt, vielmehr ihm dank ihrer relativen Autonomie in eben der Funktion Entlastung verschafft, in der es heute versagt: die historische Unruhe der Einzelnen aufzufangen.

Zumindest konzeptionell sollte damit die Notwendigkeit institutionalisierter lokaler Ermächtigung einsichtig sein: und damit die Notwendigkeit, sich vorrangig mit den innerstaatlichen Bedingungen eines solchen Konzepts zu beschäftigen – auch wenn diese Bedingungen von einer solchen Wucht sind, daß man das Modell bei aller Sinnfälligkeit für utopisch halten könnte: Eine unterste Ebene ist ohne tiefgreifende Veränderungen im Gesamtsystem nicht möglich, ohne Verfassungsänderungen, praktische Umschichtungen auf staatlicher Ebene und einen Umbau der kommunalen Verwaltungen. Die strategisch entscheidende Frage bleibt, ob es für das Demokratiesystem eine Notwendigkeit gibt, die resultierende politische Fassungslosigkeit ernst zu nehmen und sich den bindungsfrei gewordenen Einzelnen in ihrer Vereinzelung zu stellen. Die aufscheinende Unmöglichkeit ist vorerst nur konzeptionell aufzulösen, indem man zeigt, erstens, daß die Einfädelung einer untersten Ebene ohne Zerstörung des repräsentativen Gehäuses möglich wäre, und zweitens, daß letzteres davon profitieren würde.

Die kommunale Achse: Schnitt zwischen Stadt und Staat

Immerhin gibt es einen Teilbereich, auf dem man, wie auf festem Boden, aufsetzen kann: die Kommunen. Die kommunale Ebene ist die Achse, um die sich in Sachen lokaler Demokratie alles dreht. Städte, Ämter, Gemeinden sind die stabilsten Einrichtungen, die wir haben. Während, ob als Steuerzahler oder als Unterstützungsempfänger, die affektive Bindung der Einzelnen an den bürokratischen Staat zur Disposition steht, ist die kommunale Ebene, von den Metropolen bis zur Dorfgemeinde, nach wie vor affektiv besetzt. Staaten können in größeren Einheiten aufgehen oder überhaupt von der Landkarte verschwinden – die Städte und Gemeinden bleiben.

Eine lokale Einheit andererseits – Quartier, Stadtbezirk – könnte so viel Gewicht gar nicht tragen. Sie wäre schon zu klein, um alle heute nötigen Verwaltungsfunktionen ausbilden zu können oder auch nur zu brauchen. Lokale Einheiten können nur Entscheidungszellen sein, die sich auf eine übergeordnete kommunale Ebene beziehen. Sie ersetzen die Stadtregierung nicht, sie hätten auch keinerlei Interesse, sie zu schwächen. Sie würden sie lediglich auf eine verläßlichere Grundlage stellen, die der verantwortlich mitentscheidenden untersten Ebene.

Die kommunalen Gefäße Europas selbst – Städte, Gemeindeverbände, Gemeinden – haben das Thema lokaler Selbstverwaltung allerdings historisch ausgewachsen,[1] in Teilen Europas sogar nie besessen, in anderen früh verloren. Das Privileg kommunaler Selbstverwaltung ist selbst in Deutschland nicht mehr auf die einzelnen Bürger, sondern nur und ausschließlich auf Körperschaften bezogen.[2] Dem verwaltungsrechtlichen Ausschluß der Einzelnen

1 | Dies gilt heute selbst für das englische System, dessen historische Freiheitsräume durch die Reformschübe der Nachkriegszeit durch Zusammenlegung und Kompetenzverlagerungen nach oben beschnitten wurden.

2 | Ernst Forsthoff, Lehrbuch des Verwaltungsrechts, I. Band, Allgemeiner Teil, 7. Aufl. München/Berlin 1958, 415.

entspricht andererseits die nahezu vollständige Funktionalisierung kommunaler Verwaltung durch den Staat:[3] Kommunalverwaltung ist heute nicht viel mehr als die unterste staatliche Ebene. Damit sind die Kommunen strukturell verstaatlicht: Sie unterliegen dem gleichen Haushalts- und Verwaltungsrecht, ihre Organe konstituieren sich nicht anders über Parteipolitik als die staatliche Spitze selbst, und die kommunale Ebene ist zudem dadurch gespalten, daß sie nicht nur Städte und Gemeinden, sondern auch die Landkreise umfaßt, die seit je ein Zwitter zwischen Selbstverwaltung und staatlicher Aufsicht sind.[4]

Lokale Selbstverwaltung hätte sich folglich daran zu beweisen, wie weit sie den säkularen Verlust an kommunaler Selbstverwaltung umzukehren vermag, anders gesagt, welche Umpolung kommunaler Politik- und Verwaltungsstrukturen sie erzwingen würde.

Neu, insbesondere gegenüber der kommunalen Selbstverwaltung des 19. Jahrhunderts, wäre die Richtungsumkehrung: Statt daß die Kommune Selbstverwaltung nach unten delegierte, würde sie sich selbst in ihren Entscheidungsstrukturen von unten her aufbauen. Daß dies nicht auf Kosten kommunaler Entscheidungsfähigkeit gehen kann, versteht sich. Lokale Selbstverwaltung würde

3 | »Die staatliche Stellung gegenüber den Selbstverwaltungskörpern hat sich so verstärkt – und dies nicht erst seit 1933, sondern unter dem Zwange von Notwendigkeiten, die nicht weltanschaulich bedingt sind –, daß für die Anerkennung eines qualitativ eigenen und vom Staate distanzierten Aufgabenbereichs kein Raum mehr bleibt.« Forsthoff, a.a.O., 416. Zur Geschichte der Verstaatlichung der deutschen Kommunalverwaltung: Hoffmann-Axthelm, Flächenkosten und kommunale Finanzautonomie. Für eine Theorie der Stadtwirtschaft, Detmold 2010, 117-26.

4 | Dazu kommt die moderne Zerstreuung in die Fläche: Nicht nur Groß- und Mittelstädte, auch die durch Eingemeindung bzw. Zusammenfassung zu Territorien gewordenen Kleinstädte und Gemeindeverbände sind lokal zu sehr gestreut, um als handlungsfähige Einheit direkter Befaßtheit und Wahrnehmung in Frage zu kommen.

die repräsentative Abschottung aufbrechen, nicht aber die kommunale Entscheidungsebene als solche zerstören dürfen.

Allerdings, selbst wenn sie wollten, die Kommunen hätten angesichts ihrer faktischen Funktionalisierung durch den Staat gar nicht die Macht, sich nach unten zu öffnen. Der Staat ist der entscheidende Adressat. Er müßte Gründe haben, sein Verhältnis sowohl zu den Kommunen wie zu seinen Bürgern neu zu ordnen. Das ist das eigentlich kaum Vorstellbare: ein scharfer Schnitt zwischen Staat/zentraler Machtstruktur einerseits, regionalen und lokalen Strukturen andererseits.

Aber worum ginge es dabei praktisch? Es würde sowohl weniger wie mehr Staat gebraucht. Weniger: Auf der lokalen Lebenswelt liegt mehr als nur nur der alte Druck des Verwaltungsstaates. Das Modell selbst zentralisierter Steuerung auf unterster, lebensnaher Ebene steht zur Disposition. Seine Schwächen liegen auf der Hand. Der Verwaltungsstaat regelt von oben nach unten, unter Ausschluß aller über den privatesten Bereich hinausgehenden Gestaltungsrechte. Daß die Betroffenen es vielleicht besser wissen, kann der Verwaltungszentralismus nicht brauchen. Lokale Einheiten, die vitale Fragen des täglichen Lebens in Eigenregie abarbeiten würden – Arbeit, Gesundheit, Erziehung, Ausbildung, Nahverkehr, Energieversorgung usw. –, sind weder zulässig noch erwünscht noch, wo es versucht wird, praktizierbar. Was nicht am Verwaltungsrecht scheiterte, liefe beim Steuerrecht auf.

Mehr Staat: Die Ebene lokaler Selbstverwaltung würde einen gesteigerten staatlichen Schutzbedarf aufrufen: Erstens: Es ist keine Lokalautonomie denkbar, die nicht eine ausreichend starke Aufsichtsmacht über sich bräuchte, welche die Rechtsstaatlichkeit lokaler Selbstregierung garantiert: z.B. Diskriminierungen aller Art ebenso verfolgt wie lokale Korruption. Zweitens: Nur gesteigerte staatliche Regulierung von Marktmacht kann den Einschlag globaler Wirtschaftsinteressen, mithin die marktförmige Zerstörung des Lokalen, begrenzen (z.B. bezahlbarer Wohn- und Gewerberaum und individueller Marktzugang). Drittens: Der Zentralstaat müßte diejenigen Partikularismen (regionale Autonomien, das deutsche

Föderalsystem) zähmen, deren Geschäft die Stellvertretung lokaler Lebensnähe ist.

Wenn das eine wie das andere gilt, dann kann es nur ein geregeltes Miteinander geben: Einerseits ein klarer Schnitt, welcher zwischen staatlichen und lokalen Zuständigkeiten trennt und eine dosierte Abkopplung des Lokalen erlaubt, andererseits eine wechselseitige vertragliche Bindung, welche beiden Seiten nützt wie beide Seiten bindet. Politisch entscheidend wäre der Nutzen des Staates.

Wo er liegen würde, ist klar. Die finanzpolitische Krise des Sozialstaats ist kein sporadisch auftretendes Phänomen, sie wird sich, durch alle denkbaren parteilichen Modifizierungen hindurch, langfristig fortsetzen. Das sollte Staat wie Gesellschaft irgendwann in eine – naturwüchsig, nie bewußt und programmatisch getroffene – Entscheidung treiben: Entweder, der Staat nimmt die umfassenden Versorgungs- und Garantieansprüche der Einzelnen auf sich – Arbeits- und Wohnrecht für alle, Ausbildungsgarantie, gleicher Zugang aller zum durchschnittlichen gesellschaftlichen Niveau von Konsumtion, Freizeit und Gesundheit. Oder, er reduziert die gesellschaftliche Eingriffstiefe, senkt die Steuern und überwälzt die entsprechenden Lasten auf die Zivilgesellschaft – Kommunen, private Versicherungen, karitative Organisationen, Selbsthilfe von Einzelnen wie Familien, Eigenleistung aller.

Da die Last sich in keinem Fall einfach abwerfen ließe, müßten diese unterschiedlichen Auffangebenen denn auch erst so weit ertüchtigt werden, daß die Belastungen nicht direkt auf den Einzelnen landen. Was läge da als privilegierte Ebene näher, was wäre vertrauenswürdiger und gefestigter als die Kommunen. Praktischer Kern einer solchen Entwicklung wäre vermutlich denn auch das strukturelle Mißverhältnis zwischen Staats- und Kommunalfinanzen, wie immer dies in den einzelnen Ländern aussehen mag:[5] Dem

5 | Es es gibt nicht nur kaum eine Vergleichbarkeit der Kommunalfinanzierungen der EU-Länder, es gibt nicht einmal, seit Richard von Kaufmanns Werk »Die Kommunalfinanzen (Grossbritannien, Frankreich, Preußen)«, 2 Bde., Leipzig 1906, eine vergleichende Untersuchung.

Umstand, daß längst die urbanen Konzentrationen dem Staat über den Kopf wachsen, steht ja bislang unerschütterlich und unveränderbar die historische Steuerdominanz des Staates gegenüber.

Z.B. die Bundesrepublik Deutschland: Was sie, vor allem anderen, zusammenhält, ist der grundgesetzliche Finanzausgleich.[6] In diesem Regelwerk, das seit der Weimarer Republik eine kaum noch zu durchdringender Komplexität angehäuft hat, stehen die Städte an letzter, abhängiger Stelle. Zugleich müssen sie immer neu als Puffer staatlicher Finanzknappheit herhalten. Die Ausstattung der Kommunen mit einem eigenen bedarfsabhängigen Einnahmesystem hätte also nicht weniger als eine Neuerrichtung dieses Grundpfeilers der Republik zur Voraussetzung. Eine fiskalische Autonomie der Kommunen, die zugleich lokaldemokratisch legitimiert wäre, ergäbe zweifellos eine andere Republik.

Die politische Prämie einer Öffnung nach unten

Diese Republik wäre zugleich lokaler und europäischer. Der Nationalstaat verschlankte sich, gäbe Macht an beide Seiten ab. Das beschreibt die derzeitige Unvorstellbarkeit der Sache: Daß der nationale Staat eine verläßliche Legitimation als Scharnier zwischen EU und kommunalen und lokalen Autonomien behielte, kann für die Machteliten kein akzeptabler Ausgleich sein. Daß der Machtverlust keine Brechung der Staatsmacht wäre, sondern ein Strukturwandel im Gebrauch derselben, kann intellektuell eingesehen werden, für die institutionellen Inhaber ist der Schritt abwegig. Dabei geht es nur zweitrangig um die Machtverluste der politischen Eliten und des angeschlossenen Interessensystems. Der entscheidende Hinderungsgrund hat Verfassungsrang: Lokale Selbstverwaltung, insofern sie kommunale Finanzautonomie zur Voraussetzung hat, würde den harten Kern des Staates begrenzen, den Finanzstaat. Dessen

6 | Kürzeste greifbare Erklärung in: Hoffmann-Axthelm, Flächenkosten und kommunale Finanzautonomie, a.a.O., 10-12.

Begrenzung wäre, einmal durchgesetzt, ein so entscheidender Demokratiefortschritt, wie er realpolitisch unmöglich scheint.

Das staatliche Besteuerungsmonopol ist das vordemokratische Gewaltverhältnis, zu dessen Eingrenzung die neuzeitliche Demokratie entstand. Die Fremdheit zwischen fiskalischer Gewalt und demokratischer Selbstbestimmung ist nicht schon dadurch überwunden, daß die Wähler selbst in die Rolle des besteuernden Souveräns eingerückt sind, also, der Theorie nach, sich selbst besteuern. Staat im Staat, ist der Finanzstaat wie sonst nur noch das Militär funktionsstrukturell autoritär, insofern gegen politische Eingrenzung immun. Deutlichstes Zeichen ist die moralische Neutralität des Fiskus. Z.B. scheint, wenn es um die Staatskasse geht, nichts anrüchig genug, ob Raubgut des NS oder aus DDR-Enteignungen. Es kommt vor, daß Finanzspekulanten an einem bestimmten Punkt ihrer Karriere an ihrem Tun zweifeln und anfangen, der Gesellschaft etwas zurückzugeben. Der Finanzstaat ist von menschlichen Regungen frei.

Daß aber diese fiskalische Neutralität durch die Demokratisierung des Staatszwecks gerechtfertigt sei: in erster Linie dadurch, daß der Staat zum Träger der sozialen Daseinsfürsorge geworden ist, ist eine wohlwollende Illusion. Die Sozialkosten sind, wenn das größte Budget, zugleich das ambivalenteste: einerseits Besitzstand in den Händen der unterschiedlichen Agenturen des Sozialkapitals, insofern sowohl raison d'être des Staates überhaupt wie zugleich Faktor der prekären Machtbilanz des Interessenausgleichs auf Verbandsebene, andererseits enthalten sie stets auch die Kosten des Repräsentativsystems und seiner konstitutiven Vermeidungen.[7] Der Staat als solcher ist gefräßig, im Wachstum der Sozialkosten versteckt sich, selbst wenn vielleicht in Prozent des BIP erträglich, das jeweils verhältnismäßig stets stärkere Wachstum des Eigenverbrauchs der Staatsmaschinerie, im Kern der Egoismus des öffentlichen Dienstes.

7 | Charles B. Blankart, Öffentliche Finanzen in der Demokratie, a.a.O., 159-69.

Eine demokratietheoretisch befriedigende Lösung des Verhältnisses – eine, bei der die Steuerzahler nicht mehr die Geiseln ihrer Interessenoptimierung über öffentliche Zuwendungen sind – steht aus. Da aber läge ein Gutteil der politischen Leistung, die man sich, bei aller Bescheidenheit des Maßstabs und aller zu erwartenden alltagspraktischen Verschmutzung, von der Ressource Lokaldemokratie versprechen darf.

Öffnung nach oben: Die Nachricht der nationalen Protestparteien

Die andere Seite, die einer entschiedenen Öffnung des Nationalstaats auf Europa, hängt, wie gesagt, nur vordergründig von Einsicht oder Machtbehauptungswillen der nationalen Regierungen ab, ob es dazu kommt, wird längerfristig von jeweiligen nationalen Mehrheiten entschieden: Dafür stehen die vehementen antieuropäischen Stimmungen in immer mehr Mitgliedsländern, die sich zur bislang schärfsten Krise der EU auswachsen. Es sind Widerstände nicht mehr an den Rändern, sondern immer mehr aus der Mitte der nationalen Gesellschaften, und das günstigste, was man dazu sagen kann, ist eben, daß dies der Beleg ist, die Zukunft der EU entscheide sich tatsächlich nicht oben, sondern von unten her.

Das Auftreten rechtspopulistischer europaskeptischer Parteien ist jedoch kein neues Phänomen: Den Front National gibt es seit vier Jahrzehnten, die norditalienische Lega seit den achtziger Jahren, die niederländische PVV seit einem knappen Jahrzehnt, neu sind nur UKIP und AfD. So verschieden sie (und weitere wie die ungarische Jobbik oder die polnische KNP) unter sich sind, teils nationalkonservativ, teils offen xenophob bis antisemitisch, so deutlich ist bei der Mehrheit, und dies je älter die Parteien sind, daß die Wurzeln im nationalen Bereich liegen und der Europa-Protest nur hinzugekommen ist. Europapolitisch hängt alles daran, ob es gelingt, die Protestadressen unterscheidbar zu machen und damit die Affektmenge wieder zu spalten. Dazu wäre aber die Ambivalenz des

Protestes ernst zu nehmen: Die weite Bevölkerungsteile zur Wahl xenophober Parteien und auf die Straßen treibende Angst vor Überfremdung ist in keinem Fall von einer tieferen Erfahrungsschicht zu trennen, der, in den laufenden wirtschaftlichen Umbrüchen und politischen Bewältigungsversuchen nur Objekt abgehobener Interessen nationaler Machteliten zu sein. Jeder Staat hat seine historischen Altlasten, mithin die zugehörigen sozialen Schichten und Institutionen, die die die Profiteure des status quo sind.

So ist der Erfolg des Front National nicht ohne den rigiden territorialen wie institutionellen wie personellen Zentralismus Frankreichs zu verstehen, der der Lega nicht ohne das Ausmaß, in welchem der italienische Staat funktional versagt und von historischen Eliten als Geldautomat ausgebeutet wird. Daß dies die primäre Schicht ist, zeigen die entschiedenen Abspaltungstendenzen in Spanien, Italien, Belgien, Großbritannien, in etwas anderer Weise aber auch der rasche Zerfall Jugoslaviens und der Tschechoslovakei nach der Wende. Es geht um eine gemeineuropäische Krankheit, die auch nicht vor den wirtschaftlich prosperierenden, politisch gefestigteren, im Grunde zufriedenen Ländern halt macht. Man mag Schicht auf Schicht wegnehmen, die osteuropäische des Auftauchens aus dem Griff der SU und der Überwältigung durch einen demokratisch noch nicht eingehegten Kapitalismus; die des wirtschaftlichen Niedergangs südeuropäischer Staaten durch Finanzkrise, Staatsverschuldung, Korruption und generelle Strukturschwäche; die alle betreffende alltagspraktische Verunsicherung durch globale Unternehmensverlagerungen oder Regularien der Vereinheitlichung und Normierung: Am Ende bleibt eine Enttäuschungsschicht übrig, der angestaute Unmut des unteren Mittelstandes, der sich weder ausreichend geschützt noch überhaupt gehört sieht, ohne zu begreifen, daß die Überforderung alle betrifft, Politik wie Einzelne.

Es ist ja nicht der Abschied vom geschlossenen Nationalstaat, der den xenophoben Protestbewegungen Schwierigkeiten bereitet. Es ist der mühsame Übergang von einer wider allen Augenschein als ethnisch homogen erlebten Gesellschaft in eine Gesellschaft der Koexistenz der Verschiedenen, in der alle entweder fremd oder zuhause sind. Für diesen Übergang ist ein politisches System, das einerseits Politik nach wie vor als Interessenausgleich von Kapital und Arbeit instrumentiert, andererseits institutionell auf entfernter oberer Ebene eingefroren ist und Veränderungzwänge technokratisch nach unten transferiert, denkbar ungeeignet.

Die Aktualität weltweiter Migration bringt nun schockhaft die systemischen Schwächen auf den Punkt. Die Distanz zwischen politischen Entscheidungsformen und Bewältigung vor Ort wird zum Tagesthema, weil bis auf die Dorfebene unmittelbar erfahren. Es fällt allzu leicht, Integration zu ordern, ohne dabei den realen Zumutungen Rechnung zu tragen, und es grenzt an Heuchelei, wenn die Politik es unterläßt, den Anteil von Desorganisation einerseits, von Rassismus andererseits zu thematisieren, der im Verwaltungssystem selbst sitzt. Durch starre Behauptung humanitärer Prinzipien ist, zeigte sich schon in aller Vergangenheit, Fremdenfeindlichkeit nicht zu besiegen. So erzeugt man nur Krieg unter zweierlei Sorten von Verlierern.

Die geeigneten Bedingungen der Integration können nur auf unterster, auf Alltags- und lokaler Ebene geschaffen werden: Der Unterschied zwischen Einheimischen und Zuwanderern wäre erst einmal zu akzeptieren, die Probleme kultureller Fremdheit und historischer Ungleichzeitigkeit anzuerkennen, statt sie universalistisch zu überspielen.[8] Konflikte sind nicht zu vermeiden, aber auch nötig, um über das kalte Nebeneinander hinwegzukommen. Nur brauchen sie den begrenzten Näheraum, um über Handlungsoptionen so weit wie möglich und nötig aufgelöst zu werden. Das hohe Ziel wechselseitiger Anerkennung setzt ja etwas viel Konkreteres voraus: daß die Einheimischen den Fremden, ob Osteuropäer oder Afrikaner, christliche oder islamische Syrier, die Teilhabe allererst gönnen: Teilhabe am Arbeitsmarkt und daher Anteil am Sozialsystem. Daß diese Einwanderung ins Sozialsystem den eigenen Anteil schmälerte, diese Fehlwahrnehmung ist nur praktisch und lo-

---

8 | Charles Taylor, Multiculturalism and »The Politics of Recognition«, Princeton, New Jersey 1992.

kal aufzulösen. Wie eng auf nationaler Ebene der politische Raum sein kann, zeigt die Geschichte der USA: Dort hätte man längst ein dem europäischen gleichwertiges Sozialsystem, wenn es nicht die schwarze Bevölkerung gäbe.

Europäische und lokale Solidarität

Überhaupt wird Europa nicht weiterkommen ohne den Rückgewinn emphatischer Ziele und eine durch sie freigesetzte Teilungsbereitschaft. Daß wir mit dem heutigen Europa einen Zusammenhang erhalten haben, der immerhin Kriege zwischen den großen europäischen Staaten ausschließt, ist ein Gewinn, der bereits politisch verbraucht ist. Es braucht neue Großziele und einen minimalen europapolitischen Enthusiasmus. Ein Europa, dessen Nachrichten sich darauf beschränken, daß der Euro gerettet ist, die Nationalstaaten zu sparen haben und um jeden Preis, auch den der Moral, Wirtschaftswachstum erzeugt werden muß, bringt niemand in Bewegung, und schon gar nicht zu u.U. schmerzhaften Verzichten zugunsten eines größeren Ziels.

Damit ist keineswegs die zweifellos hilf- und wirkungslose Ebene des moralischen Appells aufgerufen. Es geht um politische Notwendigkeiten. So zwingend, wie im 19. Jahrhundert innerhalb aller zivilisierteren europäischen Staaten gegen alle Widerstände ein Sozialsystem durchgesetzt werden mußte, so zwingend wird sich, unabhängig davon, wie lange man dazu brauchen wird, dieser Prozeß auf europäischer Ebene wiederholen müssen, wenn die EU nicht zerfallen soll. Die historischen Ungleichzeitigkeiten und die ungleichen Chancen, die wir heute sehen, werden auch auf längere Zeit nicht verschwinden. Das Argument, daß der britische oder französische Steuerzahler nicht für die Selbstbedienungsökonomie der Griechen oder die Finanzabenteuer der Iren zahlen darf, ist daher von begrenzter zeitlicher Dauer. Was auf dem Spiel steht, ist die Existenzfähigkeit der EU in einer veränderten Welt, in der die Europäer, anders als noch im 20. Jahrhundert, in einer wirtschaftlichen wie politischen Minderheitsposition sind.

Das wird bestimmt nicht heißen, daß es auf einen europäischen Wohlfahrtsstaat zugeht. Weder wird es zu einem dem nationalen entsprechenden Versicherungssystem kommen, noch dürfte von einer Gleichwertigkeit der Lebensverhältnisse die Rede sein, die ja nicht einmal im nationalen Rahmen erreichbar war. Ein europäisches Solidarsystem wird gewiß nur die großen Unwuchten abfangen, entlang enger vertraglicher Sicherungen. Der entscheidende Punkt ist, daß überhaupt ein Solidaransatz zum Tragen kommt.

Das allerdings muß auf allen drei Ebenen geübt werden: EU, Nationalstaaten, lokale Basis. Entscheidend dürfte es aber sein, ob man das Spiegelverhältnis zwischen europäischer und lokaler Solidarität begreift und zum Tragen bringt. Europäische Solidarität, das wird stets von nationalen Interessengegensätzen und schwierigen Aushandlungen begleitet sein und damit nicht nur schwer erkennbar, sondern auch weitgehend abstrakt und eine Sache weit oben bleiben. Akzeptierbar ist das nur, wenn unten, in der Lebenswirklichkeit der EU-Bürger, die Erfahrung europäischer Zusammengehörigkeit gelebt wird und Teilhabe alltäglich ist, ohne daß es der Fahne des Solidaritätsbegriffs bedarf. Nicht Brüssel und nicht die Hauptstädte, die Europäer in ihrer lokalen Befindlichkeit werden Europa entscheiden.

Postscript: Oder hätten die Einzelnen eine grössere historische Mission?

Diese Frage will eine latent vorhandene Vermutung zum Vorschein bringen, diese: das Projekt einer auf Europa geöffneten Lokaldemokratie sei zu kleinkariert, um, von den Möglichkeiten der Verwirklichung ganz abgesehen, überhaupt schon ein ausreichendes politisches Interesse zu haben. Muß es z.B. nicht schon deshalb etwas viel Größeres sein, um wenigstens ein Minimum intellektueller Attraktivität zu entfalten?

Daß die Einzelnen die letzte Ressource eines großen Schnitts wären, einer welthistorischen Schwellenüberschreitung, haben seit André Gorz[9] etliche enttäuschte Marxisten geglaubt. Das sagt nur nichts über die Tragfähigkeit der Denkfigur. Ganz abgesehen davon, ob es für die Einzelnen wünschenswert wäre, ist überhaupt die Beziehungsfähigkeit zwischen der Realität der Individualisierung und dem Theorem des großen Schnitts fraglich. Daß es auch in den größten Dingen weltpolitischer Entwicklung letztlich auf das Verhalten der Einzelnen ankommt, heißt nicht, daß man zwischen dem Kleineinsatz am Lokalen und jenem großen Einwurf die Wahl hätte, dank dessen die Benachteiligten dieser Welt ihr gesammeltes Gewicht in die Waagschale würfen.[10] Daß Demokratie, Kapitalismus, Weltgesellschaft vor einer epochalen Übergangsphase stehen,

---

9 | »Die Logik des Kapitals hat uns an die Schwelle der Befreiung geführt. Aber man kann sie nur mittels einer Zäsur überschreiten, die die produktivistische Rationalität durch eine andere Rationalität ersetzt. Einzig die Individuen selber können die Zäsur vollziehen.« Gorz, Abschied vom Proletariat, a.a.O., 68.

10 | So z.B.: Emanuel Wallerstein, Utopismus. Historische Alternativen des 21. Jahrhunderts, deutsch Wien 2002; Toni Negri/Michael Hardt, Common Wealth. Das Ende des Eigentums, deutsch Frankfurt 2010; comité invisible, L'insurrection qui vient, Paris 2007; Wolfgang Engler, Bürger, ohne Arbeit. Für eine radikale Neugestaltung der Gesellschaft, Berlin 2005.

darf man vermuten. Bleibt nur zu fragen, ob es darin noch die große historische Rolle geben kann.

Daß es sie im heutigen Europa nicht mehr gibt, ist noch keine Antwort. Alternde Gesellschaften machen keine Revolutionen. Die Hoffnung auf den großen Aufstand der Einzelnen setzt ja, in einer Mischung von Illusion und Selbsthaß, voraus, daß es die jungen anderen sind,[11] die den Westen zur Umkehr zwingen. Die Aufhebung der globalen Strukturen ungleicher Verteilung erforderte erstens ein Projekt, welches weltweit eine Mehrheit der Benachteiligten auf seine Seite brächte; und es wäre zweitens eine Wette auf eine welthistorische Chaotisierung, welche jene höchst unwahrscheinliche Koalition entbinden könnte. Realistisch ist daran allein die Möglichkeit der Chaotisierung. Sie hat in den diversen Fundamentalismen dieser Welt auch durchaus ihren potentiellen Akteur. Es fehlt nur jeder Hinweis darauf, wie es darüber zu der entscheidenden Konfrontation zwischen globaler Armut und globalisiertem Reichtum kommen soll. Weder sind die Fundamentalismen austauschbar, noch sind sie geeignet, Individualität zu entbinden – in aller Welt dient Fundamentalismus dazu, sich vor den Ansprüchen der Individualisierung in geschlossene Behälter zu flüchten. Statt sie für globale Bündnisse freizumachen, backen die diversen Fundamentalismen ihre Anhänger zu Glaubensmilizen zusammen, die bevorzugt gegeneinander zu Felde ziehen, Gleichzeitigkeit von Staats- und Selbstzerstörung.

Die historische Unwahrscheinlichkeit globaler Koalitionen ist desto größer, je stärker die leidvolle Erfahrung freigesetzter Subjektivität die gesellschaftlichen Bindemittel – Politik, Ökonomie, Moral – distanziert. Die Einzelnen sind vielleicht so mächtig wie nie zuvor: Aber sie stehen sich selbst im Wege und ermächtigen so die übergreifenden ökonomischen Mechanismen, die, falls nicht wiederum die Einzelnen sie darin hindern, die Welt zerstören würden.

11 | Samuel P. Huntington, The Clash of Civilizations and the Remaking of World Order, London 1997, 116-121.

Die globale Perspektive ist eben nicht mehr als die letzte Zuflucht der klassischen Utopie.

Selbst wenn man auf jede welthistorische Perspektive verzichtet, bleibt man bei dieser Undeterminiertheit der Einzelnen stehen: Je voraussetzungsreicher es ist, sich binden zu lassen, desto weniger hindert die Einzelnen an bloßer Selbstoptimierung auf Kosten anderer. Die repräsentative Demokratie läßt sie darüber im Unklaren, wie weit sie gerade mit ihren privaten Entscheidungen, eher noch als ihren politischen, als Akteure in das Ergebnis verwickelt sind, z.B. als Autofahrer, Konsumenten von Billigwaren, Eigenheimbesitzer, Sparer und Anleger, überall da, wo sie scheinbar nur ihr Eigenwohl optimieren. Alle können in Wohlfahrtsgesellschaften, bei Teilnahme an Produktion wie Konsumption, aus dem verletzlichen System gesellschaftlicher Bindungen desertieren, als Finanzjongleure oder politische Karrieristen, als Militante, Fundamentalisten, Künstler, Sektierer, Süchtige, Kriminelle.

Das beschreibt die grundsätzliche Schwierigkeit, als Einzelner in das einzige Szenarium gesellschaftlicher Selbststabilisierung einzusteigen, das Erfolg haben könnte: das einer staatlichen Zähmung ökonomischer Gewalt. Beschränken wir uns auf Europa und, ausschweifend genug, auf eine Perspektive historischer Vernunft, dann hätte das scheinbare Gleichgewicht von Vor- und Nachteilen des Konsumentenstandpunkts, das die relative europäische Zufriedenheit der Einzelnen ausmacht, erst einmal wahrhaft letal zu zerbrechen. Wenn nicht der Augenblick der Diktatur, wäre das die Staatswerdung der Einzelnen: Man würde nicht mehr mental dem Staat gegenüber stehen können, sei es machtlos – »man kann ja nichts machen« – bzw. machttrunken – »wir sind das Volk« –, sondern hätte sich als Teil des Problems begriffen: »wir sind – soweit wir und nicht jeder für sich – Staat«.

Nun ist ja, was dies betrifft, ein Ende der Geschichte nicht in Sicht. Streicht man das utopische Moment der Abschaffung von Staatlichkeit, bleibt offen, wohin der eingeleitete Prozeß der Integration des Staates in die Gesellschaft führen wird. Daß diese Frage im Vorangehenden pragmatisch durch ein Modell ebenenbezogener Aufgliederung überholt wurde, hindert nicht, die Offenheit der Entwicklung zu sehen. Den klassischen, bloß politischen Staat gibt es nicht mehr: Da ist den letzten Konservativen und ihrer Diagnose einer Ersetzung des neuzeitlichen Staates durch eine Agentur der Mehrheitsinteressen durchaus zu trauen:[12] Überall hätte man es mit staatlich formulierten gesellschaftlichen Partialinteressen zu tun. Passend dazu die klassische Diagnose von links, was den modernen Wohlfahrtsstaat betrifft: Gerade an aktuellen postindustriellen Kategorien gemessen, versage das Instrument Staat.[13] Die Schwächung des Staates ist aber, aus einiger historischer Distanz betrachtet, nur die zwangsläufige Folge seiner, wenngleich unvollkommenen, Demokratisierung. Die Demokratie konnte nicht anders als den Staat, den sie als vordemokratisches Instrument übernahm, zu entgöttlichen, zu entheroisieren, sich anzugleichen: d.h. ihn von Herrschaft zu Dienstleistung herabzutransformieren. Die dabei erzeugte Ausweitung des Staates zu einem historisch einmaligen Großapparat kehrt sich inmitten seiner quantitativ überwältigenden, im Staatshaushalt konstituierten Umverteilungsmacht um in Handlungshemmung: qualitativ dank der Durchsetzung mit den machtgestützten unter den gesellschaftlichen Interessen, quantitativ durch eine unverhältnismäßige Vermehrung der Aufgaben, Regulierungen, Verwaltungsorgane, des Personals, welche zur Sackgasse historischer Staatlichkeit wird.

Einerseits verliert sich der Staat also schrittweise in Unübersichtlichkeiten der Gesellschaft. Andererseits bleibt ein Rest, den die Demokratie bis heute nicht zu beherrschen gelernt hat: der Staat als Apparat, der sich selbst Zweck ist. Je weiter sich ungebrochene Zentralisierungstätigkeit und soziale Realität voneinander entfernen, desto weniger vermag Politik den Apparat zu beherrschen. Unter den offensichtlichen Daten der Selbstbezüglichkeit – kontinuierliche Vermehrung und wachsende Kosten bei steigender Ineffizienz

12 | Z.B.: Rüdiger Altmann, Späte Nachricht vom Staat (1967), in: ders., Abschied vom Staat. Politische Essays, Frankfurt a.M. 1968, 71-77.

13 | Martin Jänicke, Staatsversagen, a.a.O., 59-80.

– liegen zudem Dunkelzonen des »tiefen Staates«, die geheimen Bindungen von Geheimdiensten und Militärstrukturen, die nicht einmal der parlamentarischen Kontrollebene offengelegt werden.[14]

Der Widerspruch zwischen Diffundieren in die Gesellschaft und vordemokratischer Selbstbezüglichkeit bildet nun nicht zufällig die funktionale Entsprechung zur Gespaltenheit der Individuen, beides stützt sich gegenseitig. Auch die Demokratisierung des Staates ist ein offener Prozeß, der bei diesem Zustand nicht stehen bleiben wird. Die Wahrscheinlichkeit oder Unwahrscheinlichkeit einer Auflösung des Widerspruchs entspricht der Ermächtigung der Einzelnen. Ob man diese innerhalb oder außerhalb des repräsentativen Systems erwartet oder auf beiden Ebenen, in jedem Fall würde es um eine auf leisen Sohlen daherkommende Entwicklung gehen, in der große Auftritte so unwahrscheinlich wie unbrauchbar sind.

Wer keinen Messias erwartet, hat nun immerhin die Zeit und die Freiheit, ein wenig neben sich zu treten und tief auszuatmen. Ich versuche es deshalb mit einer nur ganz freihändig zu formulierenden Langzeitperspektive. In einem weiteren historischen Rahmen betrachtet, hat man gute Gründe für die Annahme, daß die säkulare Parabel der Verstaatlichung der Gesellschaftsverhältnisse, die im 20. Jahrhundert ihren höchsten Punkt erreichte, sich auf der Seite ihres Niedergangs bewegt. Es gibt heute so viel manifeste status-quo-Verhärtung wie unbewußte Öffnung. Je näher man dem Endpunkt der Parabel des starken Staates rückt, desto realistischer werden alternative Steuerungsvorschläge, desto wahrscheinlicher wird die Auslagerung einzelner Funktionen in parallele Agenturen. Die Behauptung der Neoliberalen allerdings, die Welt über Marktfunktionen besser zu regieren, als die Staaten es können,[15] dürfte

14 | Erinnert sei nur an die NATO-Parallelorganisation »Stay Behind« in den Jahren des Kalten Krieges oder, heute, an das Überwachungsimperium NSA und die tätige Beihilfe der europäischen Dienste.

15 | Milton Friedman, Kapitalismus und Freiheit, a.a.O., in europäisch abgeschwächter Form z.B.: Carl C. von Weizsäcker, Logik der Globalisierung, Göttingen 1999.

erst einmal widerlegt sein. Dieses Scheitern wäre jedoch mißverstanden, wollte man daraus schließen, es sei mit der Fortschreibung des Sozialetatismus des 20. Jahrhunderts getan. Die Gesellschaft ist weiter.

Alle politische Theorie seit Hobbes arbeitet sich am Bild des Leviathan ab: Ist es nicht langsam Zeit, den Leviathan bleiben zu lassen und sich, wenn man sich schon auf Bildebene bewegt, alternativen Bildern zuzuwenden? Der Prozeß der Demokratisierung des Staates wäre ja wohl erst am Ziel – eine fiktive, nicht zu erreichende Grenzmarkierung –, wenn der Staat sowohl als zentraler Apparat weitgehend aufgelöst wie als Regulierungsmacht dezentral anwesend wäre – eben: »Wir sind der Staat«.

Das ist wohlgemerkt nur ein Meßpunkt, keine Zukunftsvision. Worauf ich damit hinaus will, ist die historische Schwelle eines Abschieds vom Großen Vater. Was am Leviathan festhält, ist die kollektive Angst. Da wir uns selbst nicht trauen, trauen wir es uns auch nicht, den Staat auseinanderzudenken und unter uns zu verteilen. Die Angst fällt zwanghaft auf eine Einheitsvorstellung von Staat und Gemeinwohl zurück, die historisch obsolet ist. Weder als Feindbild taugt der Staat länger noch als Träger einer Vernunft oberhalb der gesellschaftlichen Widersprüche. Alles Gemeinwohl ist strittig, auf Verfassungsebene zwischen seinen unterschiedlichen institutionellen Trägern, im politischen Alltag zwischen Parteien, Interessenverbänden, privaten Individuen.

Daß aber eine mentale Loslösung ohne Selbstbeschädigung historisch möglich ist, zeigte der gesellschaftliche Ausstieg aus den religiösen Bindungen. Der Durchgang durch die Religion hat zwar in einem Jahrtausende durchlaufenden Prozeß die paternalistische Bindung aufgelöst, aber zugleich auch in, wenngleich fragile, Selbstbindung verwandelt. Für das Strafrecht – du sollst nicht töten usw. – ging die Auflösung von den frühen Kodifikationen bis zu den heutigen Menschenrechten voran.[16] Die Umwandlung des

16 | So Émile Durkheim, De la division du travail social (1930), 6. Aufl. Paris 2004, 119-48.

eifersüchtig autoritären Vatergottes in das persönliche Ich-Selbst hatte einen ebenso weiten Weg zu gehen, um bei den modernen Individualisierungsprozessen anzukommen. Daß moderne Gesellschaften in beiderlei Hinsicht dadurch auf extreme Proben gestellt werden, vor denen sie auch versagen können, ist eine Grunderfahrung unserer Zeit. Der Staat mag der – zwar sterbliche, aber umso zähere – Gott der Neuzeit gewesen sein, er war aber, um Staat im neuzeitlichen Wortsinn zu werden, gezwungen, sich von theologischen Begründungen ebenso zu lösen wie von der Bildanalogie mit einem allmächtigen Eingott: Er hatte politisch also die Vorgeschichte patrimonialer Herrschaft abzustreifen und wurde, abhängig davon geworden, welche Macht ihm in den Köpfen eingeräumt würde, Rechtsstaat. Er wird im nächsten Schritt sich vermutlich in unterschiedliche Funktionen und Geltungsebenen aufspalten. Nach Religion und Kultur scheint die Nation sich dabei vom Staat abzulösen zugunsten der neuen Rolle einer zivilgesellschaftlichen Trägerschaft kultureller Identität. Selbst scheinbar unlösbar mit dem Nationalstaat verknüpfte Funktionen wie Geld[17] und Recht[18] können heute hinsichtlich ihrer Ablösung diskutiert werden – einer Ablösung, die den Staat keineswegs negiert.

Was in diese Richtung treibt, dürfte – sonst wäre dies eine reine Gefahrenbeschreibung – nicht bloß der Zugriff globaler Wirtschaftsinteressen sein. Auch die davon bedrängte Gesellschaft rüttelt an ihren etatistischen Fesseln, ein so diffuser wie von verwaltungsstaatlich handelnder Politik nicht beantwortbarer Widerstand gegen Entmündigung durch Verregelung und Bürokratisierung des Lebens, gegen den Erstickungszustand in Regulierungsprozessen, die zwar Kompromisse zwischen Staaten und Weltwirtschaft zustande bringen, aber alle Kosten auf diejenigen abwälzen, die sich

---

17 | Zur Gelddiskussion: Joseph Huber/James Robertson, Geldschöpfung in öffentlicher Hand, deutsch Kiel 2008.

18 | Zur Rechtsdiskussion: Stefan Kadelbach/Klaus Günther (Hsg.), Recht ohne Staat. Zur Normativität nichtstaatlicher Rechtssetzung, Frankfurt 2011.

nicht wehren können, ein Widerstand letztlich gegen die Lebensferne politischer Steuerung. Und letztendlich treiben die mentalen Lockerungen, die veränderten Lebensentwürfe. Die Gesellschaft ist, nach all der Männerstaatlichkeit, unweigerlich weiblicher geworden, ein Umstand, dessen Zukunftswirkungen für Glauben, Macht, Recht, Geld und sozialen Zusammenhang wir uns heute noch gar nicht recht vorzustellen wagen.

Umkreist ist damit die Kernfrage, ob es zu einer entsprechenden Freisetzung des Politischen kommen könnte: Herauslösung der Politik aus dem Gehäuse des Staates. Nichts scheint heute endgültiger als engste Verknüpfung. Das Modell der antiken Polis, Politik ohne Staat, ist modern nicht wiederholbar und alles andere als ungefährlich. Die Direktdemokratie einiger Schweizer Kantone oder US-amerikanischer Communities, so suggestiv sie für den lokalen Bereich ist, versagt angesichts überlokaler Probleme und einer ethnisch gemischten Gesellschaft. Ist eine politische Gesellschaft[19] jenseits der Verstaatlichungsparabel überhaupt denkbar, ohne sich in messianische Projektionen zu flüchten? Die Denkmöglichkeit einer Befreiung der Politik aus ihrer Bindung an den Staat begrenzt sich schon durch die reale Möglichkeit von Entstaatlichung als Abgang in die Barbarei: also der Frage, ob die Gesellschaft ihr gewachsen wäre. Ist doch bis heute kein Beispiel einer dauerhaft verantwortlichen Selbststeuerung autonomer mobiler Massen bekannt geworden. Politisch sind die Einzelnen der Demos, der sich, so uneinig wie die griechischen Götter, bei jeder passenden Gelegenheit über Gesetz und Recht hinwegsetzt.[20]

---

19 | Der Ausdruck »politische Gesellschaft« (political society) ist bei Locke (»Two Treatises on Civil Goverment«, Buch II, Kap. 8-9, London 1970, 164-82) identisch mit civil goverment und commonwealth: Hier ist er in der individualisierten Fassung von Michael Greven (Die politische Gesellschaft, a.a.O.) benutzt.

20 | »Wann immer es der Gesellschaft möglich war, in die politische Sphäre einzubrechen, sie über den Haufen zu werfen und letztlich aufzuheben, setzte sie ihre eigenen mores und ›moralischen‹ Standards durch, die Intri-

Eine Freistellung ins Leere, z.B. zu Händen der Zivilgesellschaft, dieser grünen Wiese der Politischen Theorie, ist also nicht erlaubt. Dagegen steht schon die Einsicht in die schicksalhafte Verschiedenheit und Interessenspaltung der Einzelnen: also jener Unvereinbarkeit ihrer Lebenslagen, Schicksale, Ziele und Wünsche, Möglichkeiten und Handlungsformen, die sie konstitutiv auf den Zugriff politischer wie wirtschaftlicher Machtkonzentration öffnet. Solange autonome Wirtschaftsmacht die Welt organisiert, ist ohne Staat keine Zähmung derselben möglich: kein Widerstand der Einzelnen gegen ihre gleichzeitige Selbstauslieferung. Die ganze Frage ist nur, ob man überhaupt, wo das politisch Gemeinsame strittig wird bis zur Unerkennbarkeit, ein Ankommen des Staates in den individuellen Handlungsmöglichkeiten denken will und darf.

Gemessen an der Idee gesellschaftlicher Selbstregierung, ist ein Modell lokaler Autonomie, so überfordernd und politisch unwahrscheinlich es scheinen mag, sachdienlichst bescheiden. Ohne eine veränderte Stellung der Einzelnen im Gesamtgefüge der Verteilung von Macht, Geld und Rechten wird es jedenfalls keinen sozialen Frieden geben. Also doch eine historische Mission? Im Gegenteil, dies ist der Punkt, nicht von den Einzelnen etwas zu erwarten, sondern, was die Gegenwart angeht: sie in ihrem Umgang mit dem Politischsein ihrer selbst zu beobachten. Wofür – wir sind die Einzelnen, wie wir Gesellschaft sind – jeder, gemäß des alten Hobbes' Aufforderung,[21] in der Tat sich selbst der Nächste ist.

---

gen und Perfidien der Gesellschaftsspitze, auf die die niedrigeren Schichten mit Gewalt und Brutalität antworteten.« Hannah Ahrendt, On revolution (1963), London 1990, 105.

21 | Leviathan, Authors Introduction, a.a.O., 20.

Anhang: Über drei Bruchstellen des repräsentativen Systems

Demokratie kam in den europäischen Nationalstaaten, anders als in Nordamerika, als Kompromiß zwischen den Beteiligungsrechten der Vielen und einem bestehenden vordemokratischen Staat zustande. Wenn der moderne Wohlfahrtsstaat der ganze Beweis der Demokratisierung ist, dann hat man hinzuzunehmen, daß er überall in Europa unmittelbar aus dem absolutistischen Staat herausgewachsen ist,[1] die Demokratisierung also Funktion eines durch das Jahrhundert des Liberalismus nur unzureichend vermittelten Übergangs vom autoritären Macht- zum sozialen Verwaltungsstaat war.

Darin verbirgt sich die ungeheure Aufgabe, die zu bewältigen war: nicht nur den Einzelnen über das Wahlrecht zu einer politischen Stimme zu verhelfen, sondern gleichzeitig das agrarische wie das industrielle Massenelend aufzuheben. Trotzdem ist das Ergebnis nicht einlinig unter die Rubrik Fortschritt zu bringen, nämlich dann nicht, wenn man aufhört, Demokratie und Repräsentation in eins zu setzen. Dann muß nämlich auch von den historisch einbegriffenen Verlusten die Rede sein: von den aufgehobenen vormodernen Freiheiten und von der Ambivalenz der an ihre Stelle gesetzten Vertretungsformen: einerseits also der Vernichtung der ständestaatlichen Autonomien und der sie tragenden ständischen Vermittlungsschichten des vorrevolutionären Europa, andererseits des korrespondierenden Funktionswechsels der Repräsentation

1 | Pierre Rosanvallon, La crise de l'État providence, a.a.O., 20-32.

in der Klammer unvergleichlich gesteigerter staatlicher wie wirtschaftlicher Machtstrukturen.

1

Das Modell Lokaldemokratie ist der Versuch, in Weiterdenken der repräsentativen Verfassung die zweite Wurzel europäischer Demokratie wieder zum Sprechen zu bringen, die genossenschaftlicher Selbstverwaltung. Indem sich Demokratie in Europa mehrheitlich nur über den neuzeitlichen Machtstaat und seine schrittweise Demokratisierung durchsetzen konnte, wurde das andere Modell zu einer Sache der Ränder bzw. historischer Kuriosität. Im Ausschluß dieser zweiten Wurzel handelte sich der Demokratisierungsprozeß also von vornherein eine Leerstelle ein.

Die Verdrängung des genossenschaftlichen Weges hat natürlich ihren praktischen, unmittelbar einsehbaren Grund: Nur in Gemeinwesen begrenzter Teilnehmerzahl stehen sich, zu festgesetzten Tagen und Zeiten, Regierende und Volk unmittelbar gegenüber, während in komplexen modernen Massengesellschaften der Verzicht auf Stellvertretung nur substitutiv zu haben ist. In der historischen Logik der Staats- und Nationenbildung war dafür kein Platz. Wo immer also, ab dem 15. Jahrhundert, der Territorialstaat sich durchsetzte, konnte eine Mitsprache der Gesamtheit der Untertanen nur über das Einschieben einer Vertretungskörperschaft zwischen Staat und Gesellschaft und ihre Demokratisierung durch schrittweise auf alle ausgeweitetes Wahlrecht erreicht werden. James Mill übertrieb also nicht, als er 1819 feststellte: »In der großen Entdeckung der Neuzeit, dem System der Repräsentation, ist vermutlich die Lösung aller Schwierigkeiten, theoretischer wie praktischer, zu finden.«[2] Dahin war es aber ein langer Weg. Die Religions- und Bürgerkriege des 16. und 17. Jahrhunderts fanden ihre

2 | James Mill, An Essay on Government (1819), hg. v. Currin V. Shields, New York 1955, 67.

Schlichtung mehrheitlich in Durchsetzung des Absolutismus. Die neuzeitliche Politische Theorie stand also vor der Alternative, entweder – Jean Bodin – diese Entwicklung rechtsförmig zu gestalten, oder aber – der von den Niederlanden ausgehende republikanische Strang – Staat in Form einer verhandlungsförmigen Vermittlung von Oben und Unten, von Staat und Einzelnen zu denken. In ausgereifter Form war dies das Werk des Emdener Justitiars Johannes Althusius.[3] Politisch blieb sein Postulat vermittelnder rechtsfähiger Ebenen durch gewählte Repräsentaten in Kontinentaleuropa vorerst wirkungslos. Ein Jahrhundert später – die Krise des Absolutismus bahnte sich an – setzte Montesquieu erneut auf eine Mittelschicht, von der er annahm, sie sei gleich weit entfernt von der Versuchung der Herrschenden zu Despotismus und der Unterschichten zu Pöbelherrschaft und Anarchie.[4] Allerdings nicht erst die Revolution, schon der Absolutismus hatte, wie Toqueville in seiner klassischen Analyse gezeigt hat,[5] diese pouvoirs intermédiaires definitiv entmachtet.

Sowie es, Erbe der Revolution, das Wahlrecht gibt, wird ein neuer Vermittlungsmechanismus nötig, der zwischen den widerstreitenden Interessen und Präferenzen der Wähler und den staatlichen Institutionen vermittelt. Als Operateure dieser Vermittlungsaufga-

---

3 | Johannes Althusius, Politica methodice digesta, 3. Aufl. 1634, Nachdruck hsg. v. C. J. Friedrich, Cambridge/Massachusetts. 1932, insbes. 50-60; zur holländischen Diskussion des frühen 17. Jahrhunderts: Heinz Schilling, Der libertär-radikale Republikanismus der holländischen Regenten, in: Geschichte und Gesellschaft 1984, H. 4: Politischer Radikalismus im 17. Jahrhundert, 498-533.

4 | Wenn, so Montesquieu, statt der einen oder der anderen Willkür die Gesetze gelten sollen, dann hängt alles von ihrer qualifizierten sozialen Einbettung ab. »Es gibt in einem Staat stets Leute, die durch Geburt, Reichtum oder Ehren ausgezeichnet sind...«, und deren »Anteil an der Gesetzgebung proportional ist zu den Vorteilen, die sie im Staat genießen« De l'Esprit der Lois, l.XI, ch. VI (Bd. 1, 298).

5 | L'ancien régime et la révolution, a.a.O., 199, 209.

be entstehen die modernen Parteien.[6] Sie sind, indem sie Entscheidungsmöglichkeiten formulieren und darüber Mehrheiten binden, die neuen Repräsentanten. Damit werden die chaotisierenden Interessenwidersprüche übersetzt in den übersichtlichen und entsprechend häßlichen Streit der Parteien, es entsteht der Topos Gemeinwohl gegen Parteiinteressen.

Für die Theoretiker erreichter parlamentarischer Repräsentation stellte sich daher das Problem, wie man demokratisch, über freie Wahlen und Parteiensystem, zu geeigneten, d.h. gemeinwohlorientierten Repräsentanten kommt, im Grunde zu parteiunabhängigen Operateuren des Gemeinwohls. Wenn eine moderne Gesellschaft, sagt John St. Mill, in Unternehmer und Arbeiter zerfällt, dann hängt alles davon ab, ob es eine sich aus beiden Klassen rekrutierende Minderheit gibt, die bereit wäre, ihr Klasseninteresse den Werten von »Vernunft, Gerechtigkeit und Allgemeinem Besten unterzuordnen«.[7] Das verzwickte Wahlsystem, daß er vorschlug, um eine entsprechende Auswahl allererst möglich zu machen, beweist allein schon das Illusionäre des Projekts.

Eine doppelte Illusion: Zum einen die, es reiche, befähigte Personen, so unverzichtbar sie in jeder Form von Demokratie sein mögen, gegen Machtstrukturen und Institutionen in Stellung zu bringen. Selbst die Praktikabilität des Mill'schen Systems wider alle Evidenz zugestanden, wäre es fahrlässig, fähige Leute in Regierungspositionen zu bringen, ohne daß sie Macht und Legitimation nicht schon mitbrächten. Die bloße politische Funktion ermächtigt nicht. Mehr noch ist es ein Irrtum, daß das Wahlsystem überhaupt ein ausreichender Produzent von Macht sei – als reichte es, gewählt zu werden, um Macht zu haben und sich gegenüber den etablierten Interessen wie gegen die Eigengesetzlichkeiten des Staatsapparates zu behaupten. Weder das eine noch das andere ist der Fall. So wenig

6 | David Henley, Party, Society, Government. Republican Democracy in France, New York/Oxford 2002, 8f.

7 | John Stuart Mill, Considerations on Representative Government (1861), hg. v. Currin V. Shields, New York 1958, 101.

wie integre Personen verlorene Autonomien ersetzen können, so wenig bieten allgemeine freie Wahlen einen ausreichenden Zugriff auf vor- bzw. außerdemokratische Machtstrukturen.

2

Das zweite, der historische Stellenwechsel der Repräsentanten in der parlamentarischen Demokratie: Repräsentant ist, wer in Vertretung anderer zu Entscheidungen berechtigt ist.[8] Zur Wurzel der neuzeitlichen Demokratie wurde die Figur durch ihre Doppelgesichtigkeit, sowohl den Fürsten nach unten und nach außen, wie auch das Volk gegenüber dem Fürsten repräsentieren zu können. In letzterer Funktion, als Einspruch einer mittleren Position gegen die Unbedingtheit des Herrschaft, hat das Vertretungssystem in jahrhundertelangen blutigen Auseinandersetzungen Demokratie allererst erzeugt. In dem Maße, in welchem der Absolutismus die Entmachtung des Adels erreichte, verschob sich das Gewicht allerdings von relativer Macht zu politischer Kompetenz. So heißt es aufgeklärt bei Montesquieu: »Der große Vorteil der Repräsentanten ist, daß sie die Probleme diskutieren können. Das Volk ist dazu nicht in der Lage, was eines der großen Hindernisse der Demokratie ist.«[9] Es sollte sie aber wählen können.

Sowie es das aber kann und tatsächlich tut, tritt an die Stelle standesmäßiger Eignung die Parteizugehörigkeit. Die neuen Repräsentanten stellen keine vermittelnde soziale Schicht zwischen einem stabilen Oben und einem schweigenden Unten dar, sondern sind, als sozial zunehmend unbeschriftete Exponenten einer Partei,

---

8 | Ernst Pitz, Bürgereinung und Städteeinung. Studien zur Verfassungsgeschichte der Hansestädte und der deutschen Hanse, Köln/Weimar/Wien 2001, 29. So bereits auch, ablehnend, Rousseau, Du Contrat Social, Buch III, Kap. 15, a.a.O., 140f.

9 | De l'Esprit des Lois, XI, VI, a.a.O., 297.

politische Unternehmer.[10] Damit wird die Repräsentantenrolle aus einer Herausforderung der Macht zum Träger der Macht, wird sie Staat, und damit, ungeachtet der von Wahl zu Wahl sich vollziehenden Austauschbarkeit der Parteien wie der Personen, ein Zaun um eben das Machtpotential von Regierungsfunktion und Verwaltungsleitung, um welches die unterschiedlichen Parteien konkurrieren. Der Zugriff der Repräsentanten hat damit seinen Richtungssinn frontal geändert: Statt, wie im Ständesystem, aus einer a priori gesicherten Position heraus Steuern und Ausgaben zu begrenzen, lebt eine über Parteiinteressen geformte Politik, abhängig davon, Mehrheiten an sich zu binden und Wahlen zu gewinnen, ganz wesentlich von deren klientelar eingesetzten Ausweitung.[11] Das indessen ist noch nicht funktionsgefährdend. Es ergeben sich aber weitere Konsequenzen, die dann tatsächlich das Repräsentationssystem unterhöhlen.

So historisch zwingend die Entstehung parteigebundener Repräsentation für jene große Epoche zwischen den Revolutionen des 18. und den Diktaturen (eingetretenen wie vermiedenen) des 20. Jahrhunderts war, so war die damit bewiesene Funktionstüchtigkeit doch an ein historisches Fenster gebunden, das sich heute offensichtlich schließt. Womit die Politische Theorie bis heute nicht ihre Rechnung gemacht hat, ist der Umstand, daß diese Funktionstüchtigkeit an Voraussetzungen gebunden war, die der historische Pro-

10 | Max Weber, Politik als Beruf, in: Gesammelte Politische Schriften, hg. v. Johann Winckelmann, 5. Aufl. Tübingen 1988, 532.

11 | Insoweit ist die These eines interessierten Staates, wie sie vor Jahrzehnten die US-amerikanische Public Choice-Schule formulierte, trotz offensichtlicher Einseitigkeiten keineswegs abwegig. Als sollte sie direkt auf Kant antworten, formuliert die Public Choice-Theorie das Verfassungsproblem in Marktkategorien: »Individuen nehmen staatlichen bzw. politischen Zwang nur dann in Kauf, wenn der verfassungsmäßige Interessentausch ihren Interessen nützt.« James M. Buchanan, The Constitution of Economic Policy (1987), in: Anthony B. Atkinsons (Hg.), Modern Public Finance, Vermont 1991, 356.

zeß inzwischen zermahlen hat: die trotz allgemeinen Wahlrechts festgehaltene kritische Verflechtung von Bürgertum und Staat. Was sie verband, war die soziale Frage. Um sie zu bewältigen, mußte die Demokratisierung der Politik durch das allgemeine Wahlrecht vor der militärischen, fiskalischen und verwaltungstechnischen Leistungsfähigkeit des Staates halt machen.[12] Ergebnis des 20. Jahrhunderts ist, daß, beschleunigt durch Kriege, Revolution, Diktaturen, diese Verbindung aufgelöst ist. Das hat die Wähler in eben die Machtposition gebracht, die das Repräsentationssystem im Interesse von Gemeinwohl und politischer Vernunft verhindern wollte. Angesichts ihrer Volativität und deren Spiegelung in Repräsentanten, denen die parteibegründenden Mehrheiten fehlen, ist es die Existenz des Staates als solchen, der den einzigen noch vorhanden Anker abgibt. Insbesondere angesichts der deutschen Erfahrung eines von Wählermassen gestützten Übergangs zur Diktatur wurde es so ein Grundsatz der Demokratietheorie, die Selbstdemokra-

12 | »Positiv steht aber das gleiche Wahlrecht rein staatspolitisch in einer engen Beziehung zu jener Gleichheit gewisser *Schicksale*, die wiederum der moderne Staat als solcher schafft. ›Gleich‹ sind die Menschen vor dem Tod. Annähernd gleich sind sie auch in den unentbehrlichsten Bedürfnissen des körperlichen Lebens. Eben dies Ordinärste und andererseits jenes pathetisch Erhabenste aber umfassen auch diejenigen Gleichheiten, welche der moderne Staat allen seinen Bürgern wirklich dauerhaft und unbezweifelbar bietet: die rein physische Sicherheit und das Existenzminimum zum Leben, und: das Schlachtfeld für den Tod. [...] Gegenüber der nivellierenden unentrinnbaren Herrschaft der Bürokratie, welche den modernen Begriff des ›Staatsbürgers‹ erst hat entstehen lassen, ist das Machtmittel des Wahlzettels nun einmal das *einzige*, was den ihr Unterworfenen ein Minimum von Mitbestimmungsrecht über die Angelegenheiten jener Gesellschaft, für die sie in den Tod gehen sollen, überhaupt in die Hand geben *kann*.« Max Weber, Wahlrecht und Demokratie in Deutschland, in: ders., Gesammelte politische Schriften, a.a.O., 268.

tisierung der Gesellschaft habe den Staat zu verschonen.[13] Einbegriffen die pragmatische Überzeugung, nur ein enges Bündnis mit den Wachstumszwängen der Wirtschaft könne den Rückfall in eine massengestützte Diktatur verhindern: auf Wohlstand, nicht auf Freiheit gegründete Loyalität, als Realgrundlage inneren Friedens.

Die gesellschaftliche Entwicklung ist über dieses Argument aber hinweggegangen: Gesellschaftliche Integration des Staates und Politisierung der Gesellschaft haben die Büchse der Pandora geöffnet, überall in Europa. Antwort auf die Unruhe von unten scheint, ob Theorie oder politische Praxis, die Einräumung von Beteiligungsmöglichkeiten zu geben. Das funktionale Defizit jeder Beteiligung ist, daß sie keine der beiden Seiten wirklich bindet, weder die Repräsentanten noch die Bürger. Wenn es der Sinn und die Stärke des Repräsentativsystems ist, einerseits Entscheidungsfähigkeit herzustellen – die Wähler sind gespalten, ihr Wille bildet sich erst ex post über Stimmenmehrheiten –, andererseits die Verantwortung genau zu lokalisieren, so verwischen Mitbestimmungsregelungen in beiderlei Hinsicht die Grenzen,[14] wirken also auf das

13 | »Werden insbesondere öffentliche funktionale Einrichtungen, deren Zweck durch übergeordnete politische Organe gesetzt worden ist, im inneren Aufbau »demokratisiert«, so widerspricht dies sowohl dem Prinzip der demokratischen Verantwortung wie dem Leistungsprinzip: Ein Verwaltungsorgan oder ein Heer, dessen Angehörige »demokratisch« über ihre Tätigkeit bestimmen, entzieht sich der effektiven Verantwortung gegenüber den demokratisch legitimierten Instanzen, als deren Instrument es geschaffen wurde, und damit der demokratischen Kontrolle der Gesamtgesellschaft [...]« Richard Löwenthal, Demokratie und Leistung, in: ders., Gesellschaftswandel und Kulturkrise. Zukunftsprobleme der westlichen Demokratien, Frankfurt a.M. 1979, 180f.

14 | Rein formal gesehen, wehren sich die Repräsentanten gegen direktive Bürgerforderungen zu Recht mit dem Hinweis, daß sie, anders als die Bürger, an Haushaltsrecht und Verwaltungsverfahren gebunden sind. Das Argument greift vor allem kommunalpolitisch: als Sicherung gegenüber lokalen Egoismen, sobald es darum geht, Lasten zu verteilen: z.B. Flücht-

Repräsentativsystem zerstörend, unabhängig davon, ob man das als Gefährdung der Demokratie beklagen will oder als notwendige Anpassung in einer veränderten Welt begreift. Es wäre niemanden mit Zuständen geholfen, wo jede politische Entscheidung durch Basiseinsprüche rückholbar, aber die staatliche Entscheidungsfähigkeit als solche paralysiert wäre. Solange man am Modell der repräsentativen Demokratie festhält – und Besseres ist bislang nicht erfunden worden –, hat die Ferne der Vertretenen zu den Zentren der Entscheidung, welche das Repräsentativmodell herstellt, ihre Notwendigkeit.[15] Wenn sich der Wähler, angesichts seiner über das Wahlsystem hinausgewachsenen Bindungslosigkeit, nicht von sich aus begrenzt, dann sind, soll das Repräsentativsystem funktionsfähig bleiben, neue Rückkopplungen nötig, welche ihn mit den Folgen seiner Entscheidungen unmißverständlich konfrontieren. Eine nur noch vom Anker neutraler Staatlichkeit gesicherte Beteiligungsdemokratie schlüge in jene Tyrannei der Mehrheitsinstinkte um, die einst Toqueville an der amerikanischen Selbstverwaltung beobachtete,[16] und gegen welche schon zu Beginn die Väter der US-Verfassung ihr System von checks and balances errichteten.[17]

---

linge unterzubringen, Institutionen der Resozialisierung, der forensischen Psychiatrie usw. anzusiedeln, oder, in regionaler Optik, Stromtrassen zu errichten, Bahnlinien zu ertüchtigen, Fluglärm zu verteilen, atomare Endlager anzulegen usw. Daß die Identifizierung von Verantwortlichkeiten im realen Politikprozeß immer weniger gelingt, ist alltägliche Erfahrung, aber solange kein Freifahrschein für Bürgerwut, wie die Formen der Anmeldung die protestierenden Bürger nicht ihrerseits binden.

15 | Aristoteles war bekanntlich kein Freund der Demokratie – umso umsichtiger hat er die Gründe diskutiert: Politik Buch IV, 1292a.

16 | Bd. 1 (1832), Kap. 7, a.a.O. 66. Siehe heute die US-amerikanische Tea Party-Bewegung.

17 | Robert A. Dahl, Vorstufen zu einer Demokratie-Theorie (1956), a.a.O., 1976, 9-30.

3

Beide hier verfolgten Bruchstellen repräsentativer Demokratie kreisen um eine dritte, die ihren Grund abgibt und sie allererst so unvermeidlich macht. Warum gelingt es dem demokratischen Verfahren nicht, den Schatten der Diktatur auszulöschen? »Die demokratische Lösung impliziert eine grundsätzliche Hypokrisie. Denn keine Gesellschaft hat jemals weder die Funktionen, noch die Einkommensverhältnisse, noch die soziale Geltung der Einzelnen egalisieren können. Die Ordnung der Gleichheit ist unvermeidlich eine formale Ordnung. Jede etablierte Macht versucht sie hochzuhalten, während sie gleichzeitig die realen Ungleichheiten zu überspielen versucht.«[18] Was sich heute, einmal mehr, in den europäischen Protestparteien von rechts wie links Luft verschafft, ist eine generelle Abrechnung der Individuen mit dieser Zweideutigkeit des Repräsentationssystems, das zusehends daran scheitert, den Graben zwischen politischer Gleichheit und fortwährender Ungleichheit der Lebenschancen wohlfahrtsstaatlich zu vermitteln oder wenigstens sich und seine Wähler über Möglichkeiten und Grenzen ausreichend aufzuklären.

Die Funktionsfähigkeit der repräsentativen Demokratie beruhte ja gerade auf dem Grundsatz der Trennung von politischer Gleichheit und sozialer Ungleichheit. Der Staat, sagte Kant, hat das Recht durchzusetzen, nicht die Bürger zu beglücken.[19] Eben diese Trennung wird gesellschaftlich jedoch zunehmend verweigert wie korrespondierend von einer Politik unterlaufen, die, von Wählerstimmungen getrieben, eine Lösungsfähigkeit verspricht, derer sie gar nicht mächtig ist. Die Inpflichtnahme der Wähler ist in der Konstruktion repräsentativer Willensbildung im Grunde ausgeschlossen,

18 | Raymond Aron, Dix-huit leçons sur la société industrielle, Paris 1962, 87.

19 | Immanuel Kant, Vom Verhältnis der Theorie zur Praxis im Staatsrecht (gegen Hobbes), Berlinische Monatsschrift, September 1793, in: P. Weber (Hg.), Berlinische Monatsschrift, Auswahl, Leipzig 1985, 301-04.

eine Offenlegung dessen, was real möglich ist und was nicht, würde das Parteiensystem sprengen. Eine nivellierte Gesellschaft müßte sich im Grunde selber regulieren. Aber Gesellschaften bewegen sich nicht diskursiv, sondern über Stimmungen und Befindlichkeiten voran, die sich nur von Fall zu Fall, und dann meist schockhaft, zu Entscheidungen verdichten.

Die Fortdauer des Repräsentativsystems ist also auf verzweifelte Weise von den Selbstheilungskräften der Gesellschaft abhängig. Das politische System, sagen uns vor allem die rechtspopulistischen Protestparteien, ist grundsätzlich labil und kann die Wiederkehr diktatorischer Zustände auf Basis demokratischer Wahlen auch nicht grundsätzlich ausschließen. Der reale demokratische Spielraum ist in einer Welt nie dagewesener wirtschaftlicher Zugriffsmacht und Wachstumskonkurrenz denkbar klein. Wir messen in der global gewordenen Situation zugleich an der Gegenwart autoritärer Regimes in aller Welt, wie ebenso an der realen Möglichkeit der Anarchie, wo immer der Staat so weit versagt, daß konkurrierende Warlords oder Kokainsyndikate die letzten Macht besitzenden Strukturen sind. Vor diesem Hintergrund ist eine repräsentative Demokratie, die für ständige Korrekturmöglichkeiten offen ist, noch ein Glücksfall.

X-Texte zu Kultur und Gesellschaft

Fatima El-Tayeb
Undeutsch
Die Konstruktion des Anderen in der postmigrantischen Gesellschaft

September 2016, ca. 130 Seiten, kart., ca. 16,99 €,
ISBN 978-3-8376-3074-9

Uwe Becker
Die Inklusionslüge
Behinderung im flexiblen Kapitalismus

2015, 216 Seiten, kart., 19,99 €,
ISBN 978-3-8376-3056-5

Gabriele Winker
Care Revolution
Schritte in eine solidarische Gesellschaft

2015, 208 Seiten, kart., 11,99 €,
ISBN 978-3-8376-3040-4

X-Texte zu Kultur und Gesellschaft

Heidrun Friese
Flüchtlinge: Opfer – Bedrohung – Helden
Zur politischen Imagination des Fremden
April 2017, ca. 130 Seiten, kart., ca. 17,99 €,
ISBN 978-3-8376-3263-7

Stefanie Graefe
Burnout
Unglückliche Arbeitskämpfe im flexiblen Kapitalismus
Dezember 2016, ca. 200 Seiten, kart., ca. 19,99 €,
ISBN 978-3-8376-2614-8

Karl-Siegbert Rehberg, Franziska Kunz, Tino Schlinzig (Hg.)
Pegida – Rechtspopulismus zwischen Fremdenangst und »Wende«-Enttäuschung?
Analysen im Überblick
September 2016, ca. 350 Seiten, kart., ca. 29,99 €,
ISBN 978-3-8376-3658-1

Alexander Schellinger, Philipp Steinberg (Hg.)
Die Zukunft der Eurozone
Wie wir den Euro retten und Europa zusammenhalten
September 2016, ca. 220 Seiten, kart., ca. 19,99 €,
ISBN 978-3-8376-3636-9

Peter Mörtenböck, Helge Mooshammer
Andere Märkte
Zur Architektur der informellen Ökonomie
September 2016, 200 Seiten, kart., zahlr. z.T. farb. Abb., 27,99 €,
ISBN 978-3-8376-3597-3

Ferdi De Ville, Gabriel Siles-Brügge
TTIP
Wie das Handelsabkommen den Welthandel verändert und die Politik entmachtet (übersetzt aus dem Englischen von Michael Schmidt)
Mai 2016, 192 Seiten, kart., 19,99 €,
ISBN 978-3-8376-3412-9

Oliver Fohrmann
Im Spiegel des Geldes
Bildung und Identität in Zeiten der Ökonomisierung
Mai 2016, 180 Seiten, kart., 19,99 €,
ISBN 978-3-8376-3583-6

Stine Marg, Katharina Trittel, Christopher Schmitz, Julia Kopp, Franz Walter
NoPegida
Die helle Seite der Zivilgesellschaft?
März 2016, 168 Seiten, kart., 19,99 €,
ISBN 978-3-8376-3506-5

Jürgen Manemann
Der Dschihad und der Nihilismus des Westens
Warum ziehen junge Europäer in den Krieg?
2015, 136 Seiten, kart., 14,99 €,
ISBN 978-3-8376-3324-5

Frank Adloff, Volker M. Heins (Hg.)
Konvivialismus. Eine Debatte
2015, 264 Seiten, kart., 19,99 €,
ISBN 978-3-8376-3184-5

Hans-Willi Weis
Der Intellektuelle als Yogi
Für eine neue Kunst der Aufmerksamkeit im digitalen Zeitalter
2015, 304 Seiten, kart., 22,99 €,
ISBN 978-3-8376-3175-3

Leseproben, weitere Informationen und Bestellmöglichkeiten finden Sie unter www.transcript-verlag.de